dtv
_____
portrait

Herausgegeben von Martin Sulzer-Reichel

Andreas Graf, geb. 1958, Literaturwissenschaftler an der Universität Köln, freier Autor und Lektor. Seine Arbeitsschwerpunkte sind die Abenteuer- und Unterhaltungsliteratur des 19. Jahrhunderts, Buchhandels-, Verlags- und Sozialgeschichte sowie populäre Medien in historischer Dimension. Zu seinen Veröffentlichungen gehören u. a. eine Biographie über Balduin Möllhausen und zahlreiche Publikationen zu Karl May.

Hedwig Courths-Mahler

von Andreas Graf

Deutscher Taschenbuch Verlag

Weitere in der Reihe **dtv** portrait erschienene Titel
am Ende des Bandes

für Sonja

»Was ist dir nur, Hella, weshalb seufzest du so steinerweichend?«
»Na, weißt du, dies Buch ist schrecklich langweilig.«
»Aber sehr belehrend.«
»Ich finde es greulich.«
Hedwig Courths-Mahler, ›Die Gouvernante‹, 1909

Originalausgabe
August 2000
www.dtv.de
© Deutscher Taschenbuch Verlag GmbH & Co. KG, München
Umschlagkonzept: Balk & Brumshagen
Umschlagbild: Hedwig Courths-Mahler.
Fotografie (© AKG, Berlin)
Layout und Satz: Agents – Producers – Editors, Overath
Druck und Bindung: APPL, Wemding
Gedruckt auf säurefreiem, chlorfrei gebleichtem Papier
Printed in Germany   ISBN 3–423–31035–9

Inhalt

1 Hedwig Courths-Mahler. Fotografie, um 1924

»Sorgenvolle und trübe Stunden«

*»Balzac hat seine Romane ausgesessen, genauso habe ich meine
Bücher mit meinem Hintern geschrieben.«*
Hedwig Courths-Mahler

Hedwig Courths-Mahler ist bis heute, im Erfolg nur vergleichbar mit Karl May und Ludwig Ganghofer, die auflagenstärkste deutsche Autorin. In deutschen Buchhandlungen warb 1939 der Rothbarth-Verlag, in dem drei Viertel ihrer Romane publiziert wurden, mit dem Slogan: »Die Romane der H. Courths-Mahler erscheinen in über 24 Millionen Exemplaren!« In der Gegenwart gibt der Bastei-Verlag, mittlerweile alleiniger Inhaber der Weltrechte, eine

2 Briefmarke der Deutschen Bundespost zu Ehren von Hedwig Courths-Mahler

Die Autorin, stets bemüht um zurückhaltende Selbstbeurteilung, beschrieb die Ursachen ihres Erfolges gelegentlich so:
»Die modernen Schriftsteller geben dem Volk nicht, was es haben will. Sie öden die Leute mit ihrem eigenen Elend und ihrer Wirklichkeit an, sie wollen das Volk ertüchtigen, ihm jede Poesie, jedes Märchenhafte wegnehmen. Das fühlt das Volk, es will etwas anderes haben, es will keine Realistik, kein Grauen. Ich muß meinen Leuten etwas bringen, wodurch sie aus allem Elend befreit werden, das ist das Geheimnis meines Erfolges. Das gute Ende ist ein so unerhörtes Glück im Leben, daß es so gut wie gar nicht eintrifft, aber weil meine Leute sich an die Hoffnung klammern, lasse ich es immer gut ausgehen. So schlimm, wie das Leben ist, kann man es gar nicht schildern. Alle wollen das Volk mit Kaviar füttern, das Volk sagt, das ist 'ne Schmiere, Heringsrogen ist dasselbe. Ja, lieber Gott im Himmel, unsere Zeit ist so arm an Idealen, was ist das ganze Leben ohne Poesie und Ideale? Ich lehre die Leute erst lesen; wenn sie das gelesen haben, was ich schreibe, wagen sie sich an ein besseres Buch, an literarische Sachen. Es gibt so viel Literatur und so wenig Leute, die fürs Volk schreiben, gäbe es mehr, hätte ich selbst nicht den großen Erfolg.«

Die Biografien

Die früheste und mit Abstand einflussreichste Biografie ist die umfangreiche Artikelserie von Lia Avé, die Anfang der 50er Jahre in der ›Münchener Illustrierten‹ erschien. Chefredakteur dieser Zeitschrift, die später die ›Bunte‹ hieß, war Hans Habe, der die Autorin persönlich kannte und schätzte. Die Artikelserie von Lia Avé (eigentlich: Liesbeth-Agathe von der Aue), die mit vielen Fotos aus dem Privatalbum der Schriftstellerin illustriert war, wanderte durch zahlreiche Zeitungen Deutschlands, u. a. erschien sie 1953 unter dem Titel ›Weltrekord in Liebe‹. Der Lebensroman der Hedwig Courths-Mahler‹ in der ›Westdeutschen Zeitung‹. Fast 40 Jahre später, 1990, kam die Artikelserie, textlich nahezu unverändert, noch einmal als Buch heraus, leider ohne die dokumentarisch wertvollen Fotos. Lia Avé kannte die Autorin persönlich. Sie war von 1946 bis 1948 als Sudetenflüchtling, wie zahlreiche andere Kriegsheimkehrer und *displaced persons*, die im Tegernseer Tal unterkamen, zusammen mit ihrem Mann auf dem »Mutterhof« der Hedwig Courths-Mahler in der ersten Etage einquartiert. Später besuchte sie als Gast die Feier zum 83. Geburtstag der Schriftstellerin im Februar 1950 und hielt nach deren Tod viele Jahre Kontakt zu den schriftstellernden Töchtern. Ihre Darstellung beruht, neben diesem persönlichen Kontakt, vor allem auf Berichten von Margarete Elzer. Die Biografie von Curt Riess (1974) schöpft ebenfalls noch aus persönlicher Bekanntschaft mit der Autorin, daneben aus Berichten von Friede Birkner. Siegfried M. Pistorius (1992) schließlich stützt sich weitgehend auf die mündlichen und schriftlichen Äußerungen dieser jüngsten Tochter der Autorin, die 1985, fast fünfundneunzigjährig, in Rottach-Egern starb. Sie alle bieten reichhaltiges Material, vor allem zum Lebensmythos der Hedwig Courths-Mahler, und sind in erster Linie an der Schauseite dieses Lebens interessiert: Sie zeigen die Schriftstellerin mit dem überwältigenden Erfolg. Dass die Autorin im Jahr 1904, als ihr erster Roman in einer Zeitung erschien, sich ihrem vierzigsten Lebensjahr näherte und schon fast die Lebensmitte erreicht hatte, gerät dabei allzu leicht aus dem Blick.

Quellenlage

Leider haben nur wenige Briefe der Autorin den Weg in öffentliche Archive gefunden. Auch das Familienarchiv der drei Schriftstellerinnen scheint vernichtet bzw. in alle Winde zerstreut zu sein. Viele Dokumente, Briefe und Bücher wurden mutwillig in einem Feuer zerstört, das eine der beiden Töchter nach dem Tod ihrer Mutter in Tegernsee entfachte. Es soll tagelang gebrannt haben. Ein Koffer voller Dokumente, die offenbar auch für das Feuer bestimmt waren, wurde von unbekannter Hand gerettet, fand seinen Weg zu einem Münchener Antiquar und von dort zu einer begeisterten und gewissenhaften Sammlerin.

Die Publikationsgeschichte der Hedwig Courths-Mahler, die nur zu einem Teil in der Geschichte der Buchausgaben ihrer Erzählungen besteht, ist weitgehend unaufgearbeitet. Die Bibliografie von Walter Krieg (1954), so fehlerhaft sie im Einzelnen ist, bleibt jedoch das zuverlässigste Hilfsmittel. Von den Hunderten Zeitungs- und Zeitschriftenabdrucken, dem Forum, auf dem Hedwig Courths-Mahler ihr Publikum gefunden hat, nennt Krieg aber keinen einzigen. Die Bibliografie bei Sichelschmidt (1967) stützt sich weitgehend auf Krieg und fügt kaum Neues hinzu.

deutsche Auflage von 80 Millionen an! Über die Hälfte der mehr als 200 Romane der Erfolgsautorin sind auch acht Jahrzehnte nach ihrer Erstveröffentlichung immer noch lieferbar und können mittlerweile sogar per Internet bestellt werden.

Das Leben der Hedwig Courths-Mahler – das ist zunächst, für mehr als drei Jahrzehnte, auch die Geschichte ihrer Mutter Henriette Mahler bzw. Henriette Brand (1843–1900). Von Seiten der Mutter ist es eine Geschichte mangelnder Liebe und fehlender Zuwendung für ihr ältestes Kind, seitens der Tochter die denkwürdige Historie einer Loslösung, einer Abkehr von der bitteren Würdelosigkeit ihres Ursprungsmilieus, die sich schließlich in Verleugnung und schriftstellerischer »Bearbeitung« einen Weg zur Gestaltung der eigenen Persönlichkeit suchte, die ihrerseits weitgehenden Verdrängungscharakter hatte.

3 Blick auf die Marienkirche und den Marktplatz von Weißenfels von Südosten. Weißenfels war Kreisstadt des Regierungsbezirks Merseburg, an der Saale gelegen, Sitz eines Landratsamtes und mehrerer Gerichte. Es gab insgesamt drei Kirchen, ein Gymnasium, ein Schullehrerseminar, eine Taubstummenanstalt und eine Garnison Husaren, mit denen zusammen die Stadt im Jahr 1878 auf 17 904 Einwohner kam. Über allem thronte das Schloss von 1690, in dem eine Unteroffiziersschule untergebracht war.

»Über Herkunft und Jugend von Hedwig Courths-Mahler«, schreibt Huschke, »sind in der gängigen Literatur manche Irrtümer verbreitet, denen anzumerken ist, daß sie die Familienverhältnisse, aus denen sie stammte und in denen sie aufwuchs, behutsam verschleiern wollen, auch um Vorurteilen keine Nahrung zu bieten, die in der zeitgenössischen bürgerlichen Gesellschaft bestanden.« Denn diese Herkunft war alles andere als »bürgerlich«; auch die Bezeichnung »proletarisch« liefe Gefahr, einen falschen Ton zu treffen.

Rosine Henriette Mahler, die Mutter Hedwig Courths-Mahlers, stammte aus Weißenfels in Thüringen, wo auch ihre gesamte Familie lebte.

Am 18. Februar 1867 bringt die Seilerstochter Henriette Mahler in Nebra an der Unstrut, rund 30 Kilometer westlich von Weißenfels, eine uneheliche Tochter zur Welt. Nebra ist in den 60er Jahren des 19. Jahrhunderts ein kleines Nest, selbst gemessen an den immer noch kleinstaatlichen Verhältnissen Deutschlands: ein Ackerbürgerstädtchen von kaum 2500 Einwohnern im nordöstlichen Thüringen, zur preußischen Provinz Sachsen gehörig. Die Tochter der Henriette Mahler wird vier Wochen später in der Pfarrei St. Georg in Nebra auf den Namen Ernestine Friederike Elisabeth getauft. Paten sind der Tischlermeister Franz Stange, der Barbier Friedrich Schmidt und der Steuermann Friedrich Brinkmann, alle aus Nebra. Das Kind wurde später als Hedwig Courths-Mahler bekannt; ihr Vater ist im Geburtseintrag nicht genannt. Sie selbst schrieb, sie sei »bei den Eltern meines vor meiner Geburt gestorbenen Vaters« geboren worden.

Vormundschaftsakten der zuständigen Gerichtsbehörden haben sich nicht auffinden lassen. Aber die Familienüberlieferung nennt als Vater den Unteroffizier Ernst Schmidt, einen Friseurssohn aus Nebra. In einem Lebenslauf, den sie als Sieb-

Rosine Henriette Mahler war am 26. April 1843 geboren worden, als drittes von vier Kindern aus der zweiten Ehe ihres Vaters, des Seilermeisters und Handelsmannes Christian Gottlob Mahler (1802–1859), mit Erdmuthe Benndorf (1809–1872), für die diese Heirat, am 18. Dezember 1838 in Kleingörschen geschlossen, ebenfalls bereits die zweite Ehe war. Alle Vorfahren der mütterlichen Linie stammten aus Weißenfels und Umgebung. Sie waren Bauern in Langendorf, wie die Eltern und Großeltern von Christian Gottlob Mahler, dem Weißenfelser Seiler, der sich erst um 1820 herum in der alten Stadt an der Saale niedergelas-

zigjährige verfasst hat, berichtet die Autorin, ihr Vater
sei »leicht verwundet aus
dem Kriege 1866« zurückge-
kommen, habe das Aufgebot
bestellt, sei aber »vor der
Hochzeit von der aus dem
Kriegslager eingeschleppten
Cholera plötzlich dahinge-
rafft« worden.

Hedwig Courths-Mahlers
Eltern kamen beide aus frühzeitig vaterlos gewordenen
kinderreichen Familien. Ernst
Schmidt war das fünfte von
sechs, Henriette Mahler das
siebte von acht Kindern. Er
hatte noch nicht das achte Lebensjahr erreicht, sie das sechzehnte eben überschritten, als

4 Geburtshaus von Hedwig
Courths-Mahler in Nebra an der
Unstrut (nach Aussage der Auto-
rin). Fotografie, um 1930

ihre Väter starben. Beide Väter waren Handwerker: Friedrich
Wilhelm Schmidt Barbier, Christian Gottlob Mahler Seilermei-
ster; Schmidt hinterließ fünf unmündige Kinder, Mahlers Witwe hatte drei zu versorgen (die beiden lebenden Kinder aus
der ersten Ehe ihres Mannes waren bereits volljährig). »Kein
Zweifel, daß es in beiden Familien kärglich zuging und die
Kinder frühzeitig zum Lebensunterhalt beitragen mußten.«

Das Elend der Mutter und damit auch das des Kindes Ernestine, das sich schon bald »Hedwig« nannte, wird deutlich,
wenn man sich ihre Situation bei der Geburt dieses ersten
Kindes vergegenwärtigt: Henriette ist knapp 24 Jahre alt, ihr
Vater schon fast acht Jahre tot. Ihre Mutter, bei der sie mit

---

sen hatte. Am 12. August 1823 erwarb er für 15 Taler das Bürgerrecht
der Stadt Weißenfels. Sie waren
Dorfhandwerker, wie die in Klein-
und Großgörschen lebenden Eltern
und Großeltern seiner Frau Erdmuthe Benndorf und ihrer Ver-
wandtschaft. Die Mahlers waren
aus Kistritz bei Teuchern, andere

Ahnenfamilien stammten aus Groß-
dalzig bei Pegau an der Elster,
Zwenkau bei Leipzig, Eisdorf bei
Kitzen, Michlitz bei Großkorbetha,
Kostplatz bei Teuchern und Groß-
priesligk bei Groitzsch. Sie alle
waren Landbewohner: Bauern, Zim-
merleute, Gastwirte, Wollkämmer,
Ziegler.

Ernst Schmidt ist, den Recherchen des Ahnenforschers Huschke zufolge, identisch mit dem am 26. September 1866 an der Cholera gestorbenen Friedrich Ernst Schmidt, einem Unteroffizier in der 5. Kompanie des 1. Thüringischen Infanterie-Regiments Nr. 31. Er stammte aus Nebra und war dort am 5. Juli 1841 als Sohn des Barbiers Friedrich Wilhelm Schmidt geboren worden. Die 5. Kompanie des Infanterie-Regiments Nr. 31 gehörte zu dem seit 1851 in Weißenfels stationierten zweiten Bataillon dieses Regiments, dessen Teilnahme am preußisch-österreichischen Krieg feststeht. Das Bataillon rückte am 16. Mai 1866 aus Weißenfels ab, nahm an den Gefechten bei Podol (26.6.) und Münchengrätz (28.6.), an der Schlacht bei Königgrätz (3.7.) und am Gefecht bei Blumenau vor Preßburg (22.7.) teil und kehrte, nach dem Ende des Krieges, am 11. September 1866 nach Weißenfels zurück. Die Cholera war im August, als das Regiment in der Slowakei lag, ausgebrochen und forderte 91 Opfer. Bei den Kämpfen selbst hatte es 86 Tote gegeben. Die Seite 176 / 1866 des Weißenfelser Kirchenbuchs, auf der sich der Sterbeeintrag von Friedrich Ernst Schmidt befindet, gibt bei 15 Toten innerhalb von drei Tagen zehnmal Cholera und dreimal »Krämpfe« als Todesursache an. »Unter den Verwundeten des Regiments, deren Namen sämtlich überliefert und veröffentlicht sind, ist ein Unteroffizier Schmidt nicht aufgeführt.« Dennoch spricht manches dafür, dass es sich bei Ernst Schmidt tatsächlich um den Vater des Kindes von Henriette Mahler handelt. Denn am Geburtsort, der ja nicht der Heimatort der Kindsmutter war, lebten Schmidts Mutter und zahlreiche Geschwister. Auch die Namen der Paten des Mädchens weisen in diese Richtung. Der Barbier Friedrich Schmidt war der ältere Bruder von Ernst Schmidt, und der Steuermann Friedrich Brinkmann war sein Schwager, da er Ernsts einzige Schwester geheiratet hatte. In Weißenfels gehörte Schmidt zur gleichen 5. Kompanie wie Adolf Hermann Beilich aus Querfurt, den ein Liebesverhältnis mit einer der beiden älteren Schwestern Henriettes verband, Friederike Wilhelmine Mahler. Sie gebar ihm 1865 und 1866 zwei Kinder, ehe er sie 1867, nunmehr Sergeant, heiratete. »Durch Beilich könnte Henriette mit Schmidt bekannt geworden sein.« Ähnlich schwierig ist die Situation auch bei den weiteren Vorfahren väterlicherseits. Friedrich Wilhelm Schmidt (1796–1849), der Vater des Vaters, stammte aus Keuschberg, einem Teil des heutigen Bad Dürrenberg an der Saale, zwischen Weißenfels und Merseburg gelegen. Er war der uneheliche Sohn der siebenundzwanzigjährigen Leineweberstochter Johanna Rosina Reinhardt. Im Geburtsregister heißt es dazu: »Der Vater dieses Kindes soll nach Angabe der Deflorata Fried. Wilhelm Schmidt seyn, der sie auf dem Weg nach Merseburg genöthiget. Gott weiß es am besten.« Nach diesem Vater, vom dem nichts bekannt ist als der Name und an dessen Vaterschaft der kirchenbuchführende Pfarrer offenbar Zweifel hegte, wurde das Kind mit Vor- und Familiennamen benannt. Friedrich Wilhelm Schmidt heiratete um 1830 die elf Jahre jüngere Schneiderstochter Christiane Henriette Sparig (1807–1872). Er ließ sich mit ihr in Nebra nieder, erwarb das Bürgerrecht und betätigte sich als Chirurg und Barbier. Die mütterlichen Vorfahren Friedrich Wilhelm Schmidts lebten als Dorfhandwerker und Bauern in Dörfern der Saalenniederung und nordöstlich von Weißenfels, in Keuschberg, Rippach und Vesta. Die Ahnen seiner Frau entstammten dagegen angesehenen Bürgerfamilien in Grä-

den beiden älteren Schwestern Amalie Wilhelmine
(geb. 1839) und Friederike
Wilhelmine (geb. 1842) sowie
dem jüngeren Bruder Carl
Friedrich (1846–1923) lebt, ist
fast 60 Jahre alt. Fünf Monate
vor der Geburt ihres ersten
Kindes stirbt der Mann, von
dem sie schwanger ist, an
der Cholera. Dass die Furcht
vor der grassierenden Seuche
auch sie während der Schwan-
gerschaft begleitet hat, darf
man getrost annehmen. So
kommt ihr Kind unehelich
auf die Welt, den Umständen
nach ein schwerer Schicksals-
schlag für die junge Frau,

5 Das einzige überlieferte Bild von
Hedwigs Mutter Henriette. Fotografie, um 1882

wenn auch weder in ihrer Familie noch allgemein ungewöhnlich. In ländlichen Gebieten hatten zu dieser Zeit bis zu 50 %
der Bräute bereits Kinder. Henriette muss erleben, dass wenige Monate nach der Geburt ihres Kindes ihrer älteren Schwester Friederike Wilhelmine tatsächlich gelingt, worauf auch sie
gebaut hatte: Trotz zweier unehelicher Kinder kann sie heiraten. Der Ehemann, Hermann Beilich, ist ein Kamerad von
Henriettes »Verlobtem« Ernst aus der gleichen Kompanie,
vielleicht dessen Freund; ob die beiden Kinder Wilhelmines
von ihm sind, muss offen bleiben. Von Henriettes sieben Geschwistern und Halbgeschwistern sind vier bereits tot: Ihr
ältester Bruder Friedrich Gustav (geb. 1824) ist verstorben,
ebenso dessen Ehefrau, ihre Schwägerin Luise Hering (1820–

fenhainichen, einem damals inmitten ausgedehnter Wälder gelegenen
Städtchen zwischen Bitterfeld und Wittenberg. Dort wirkten sie als
Handwerksmeister, hatten das Braurecht oder gehörten dem Ratskollegi-
um an. »In der väterlichen Ahnenschaft der Schriftstellerin begegnet sich
also Landbevölkerung der Weißenfelser Umgebung mit kleinstädtischem
Handwerker- und Honoratiorentum des sächsischen Kurkreises. Die
mütterliche Vorfahrenschaft dagegen gehört völlig in die Landschaft zwischen Weißenfels und Leipzig.«

1865); die fünf Cousins und Cousinen aus dieser Ehe sind alle noch minderjährig. Ein Trost in dieser Lage wird es gewesen sein, dass wenigstens ihre Beinahe-Schwiegermutter – die immerhin mit ihr den Vornamen teilt, Henriette – sie für Geburt und Taufe dieser wohl eher unwillkommenen Enkelin in ihrem Haus aufnimmt. Als Trost und Hilfsangebot aus der Familie ihres Geliebten ist sicher auch zu werten, dass Bruder und Schwager ihres Verlobten als Paten fungieren.

Die Namen, die Henriette Mahler ihrer Erstgeborenen gibt, drücken diese Verbundenheit mit der Familie ihres verstorbenen Geliebten aus. Sie sind Signale, Sinnbilder, Chiffren – die einzige Mitgift, über die diese Mutter verfügt. Ernestine Friederike Elisabeth: der erste Name bezieht sich auf den verstorbenen Vater, Ernst; der zweite auf zwei Schwestern der Mutter, vermutlich jene ihr fast gleich alte Friederike Wilhelmine mit den unehelichen, aber durch Heirat legitimierten Kindern. Der dritte Name schließlich findet sich nicht in der unmittelbaren Familientradition. Namen jedenfalls werden im späteren Leben dieses Kindes immer wieder eine magische, beschwörende oder verhüllende, märchenähnliche Rolle spielen.

Wann die Mutter, Henriette, in ihre Heimatstadt zurückgekehrt ist, lässt sich nicht sagen. Am 25. Februar 1869, genau zwei Jahre nach Elisabeths Geburt, bringt sie in Weißenfels ein zweites uneheliches Kind zur Welt, den Sohn Friedrich Oskar. Der Vater dieses Kindes ist unbekannt. Am 2. Mai heiratete Henriette in Weißenfels den ebenfalls von dort stammenden Ökonom Johann Friedrich Brand (1844–1888). Ihr kurzzeitiger Schwiegervater, Johann Gottfried Adam Brand, sei hoch zu Ross durch Weißenfels geritten und habe sich die Pfeife mit Hundertmarkscheinen angezündet, heißt es. Das ist wohl eine Übertreibung, als »Kommissionär« kaufte er landwirtschaftliche Waren auf, um sie auf Märkten weiterzuverkaufen. Sicher hat er

»Einer von Mutters ebenfalls unehelichen Brüdern wurde von einem Grafen-Ehepaar adoptiert. Und dieser Bruder durfte sie ein paarmal auf dem Schloß besuchen [...] Das war der Max. Aus dem ist nichts geworden. Die Grafenfamilie hat viel Ärger mit ihm gehabt.«   *Birkner, 1978*

an erfolgreichen Markttagen gelegentlich »auf den Putz gehauen«. Bei der Hochzeit seines Sohnes Johann Friedrich mit Henriette sollen diese sich erst vier Wochen gekannt haben. Mit der Trauung erkannte Johann Henriettes zweites Kind als seinen Sohn an. Am 21. November 1871 gebar sie einen weiteren Sohn, Julius Fritz, der allerdings nach einem halben Jahr an den Pocken starb. Es war das einzige der insgesamt fünf Kinder Henriettes, das ehelich geboren wurde. Den Namen ihres Mannes hat Hedwigs Mutter jedenfalls weiter geführt: sie firmierte bis zu ihrem Tod als Henriette Brand. Die Ehe wurde bald darauf geschieden, wann genau und wo, ist nicht belegt. Länger als etwa drei Jahre hat sie nicht gedauert.

Die Umstände dieser Ehe und der Scheidung lassen sich nur aus den verhüllenden Legenden, die in der Familie darüber verbreitet wurden, erahnen. Die Scheidung wurde verschwiegen und ins Heroische umgedichtet. Hedwig Courths-Mahler hat später gelegentlich berichtet, der Mann ihrer Mutter sei im Deutsch-Französischen Krieg 1870/71 gefallen. Ähnlich pathetische Legenden kursierten auch über die Todesumstände ihres eigenen Vaters. Die Mutter habe sich als Marketenderin verdingt, um diesen, der schwer verwundet auf dem Schlachtfeld von Königgrätz gelegen habe, dort persönlich aufzulesen und zu retten. Er sei ein kleiner Bauer gewesen, ihre Mutter Krankenpflegerin. Nichts davon lässt sich nachweisen, aber die Verhüllungstendenz ist offenbar. Eine andere Familienüberlieferung kommt den wirklichen Umständen wohl näher. Demnach wollte der Stiefvater von der zu diesem Zeitpunkt zwei Jahre alten Ernestine, die Henriette mit in die Ehe brachte, nichts wissen, der Bastard musste aus dem Haus. Die späteren Umstände machen es jedenfalls nicht unwahrscheinlich, dass Johann Friedrich Brand auch an seiner Vaterschaft zu dem kleinen Julius Fritz gezweifelt haben mag.

> »Wenn es je eine Volksschriftstellerin gegeben hat (aus dem Volk, für das Volk), dann war sie's.«
> ›Twen‹, 4/1965

»Mein Mann haßt die Kleine, weil sie nicht seine Tochter ist. Er hat von mir verlangt, daß ich mich von ihr trennen soll. […] Wenn ich meine Tochter auch nicht lieben kann, wie andere Mütter ihre Kinder, will ich doch nach Kräften für ihr Wohlergehen sorgen« – sagt die Kunstreiterin Clermont in dem frühen Courths-Mahler-Roman ›Die Gouvernante‹. Und so geschah es: Die kleine Ernestine Mahler wurde in Pflege gegeben. »Die Hebamme vermittelt ihr eine Familie. Drei Jahre lang wird hier Hedwig bei den fremden Leuten gequält und mißhandelt, geschlagen und vernachlässigt.« Dann kommt sie zu dem (zunächst) kinderlosen Schusterehepaar Birkner in Weißenfels. Wie es dazu kam und wie die Beziehung Henriette Brands zum Ehepaar Birkner war, ist unbekannt. Es mag so gewesen sein, wie dies ein Förderer Hedwig Courths-Mahlers später in der Novelle ›Wie Vater Birkner zu einem Kinde kam‹ angedeutet hat, dass nämlich ihre Mutter das Schusterehepaar noch aus der eigenen Kindheit kannte. Jedenfalls hat die Schriftstellerin ihrer Zeit bei den Birkners später stets mit besonderer Dankbarkeit gedacht.

Das Ehepaar Birkner bot den Kindern eine sichere Heimat, wozu Henriette nicht in der Lage war. Ob sie tatsächlich »als Krankenpflegerin ihr Brot verdiente« oder ob sie eher auch zu dieser Zeit schon das abenteuerliche Leben führte, von dem ihre Enkelin Margarete Elzer erzählt, muss offen bleiben. Jedenfalls hatte die kleine Ernestine, genannt Hedwig, bei den Birkners zwei jüngere Brüder um sich: den bereits erwähnten Friedrich Oskar (1869–1941) und den bald darauf hinzukommenden Friedrich Max (1873–1909). Hedwig und ihre Brüder mussten mit einem dreifachen Stigma leben: Sie waren unehelich, vaterlos, und ihre Mutter – nun, sie konnte in den Augen der kleinstädtischen Gesellschaft zumindest durchaus als »leichtlebige Person« angesehen werden.

Anlässlich eines Bildes von dem Schusterhaus in der Georgenbergstraße Nr. 54 veröffentlichte Hedwig Courths-Mahler 1913 Erinnerungen, die auch für diesen Zeitraum ihres Lebens den verklärenden Blick eingestehen: »In dem alten Hause gab es viele Winkel und Eckchen. Am traulichsten war es in Muhme Birkners Biedermeierstübchen mit den wunderlichen alten Möbeln und den [!] Duft von Bratäpfeln, der darüber schwebte. Und einen tiefen eiskalten Keller gab es, in den man durch eine hölzerne Falltür vom Hausflur aus gelangte. In diesem Keller hielt sich die Butter auch im heißes-

Der Schuhmachergeselle Friedrich Gustav Birkner (1835–1894), das elfte Kind (ein Zwillingssohn) des Handarbeiters und Obsthändlers Gottlieb Berkner (!) und seiner Ehefrau Christiane, geb. Wadsack, hatte die aus Wählitz stammende Ernestine Wilhelmine Richter (um 1830–1906), fünf Jahre älter als er, am 3. Februar 1861 in Weißenfels geheiratet. Birkners wohnten 1869 in der Langendorfer Straße 728 (heute Nr. 9), 1872 am Georgenberg Nr. 54 (heute 2–4), 1876 in der Kleinen Burgstraße Nr. 60 (heute Nr. 3). Die häufigen Umzüge lassen

6 Mutter Birkner mit der kleinen Hedwig. Fotografie, 1867

die Not der Leute ahnen, Kostkinder waren ein willkommenes Zubrot. Das kleine Häuschen hatte nur eine Schlafstube, Hedwig musste auf einer Matratze zwischen den Betten auf dem Boden schlafen. Der Kleiderschrank stand auf dem Hof unter einem Dach.

Der Schuster muss durch seine Erzählungen die Phantasie der kleinen Hedwig mächtig angeregt haben. »Ihm verdankte sie manche Geschichte«, berichtet eine Tochter der Courths-Mahler. Als Hedwig größer wurde, soll sie Märchen von Rehen und Tausendfüßlern, die sie gehört hatte, auf die Papiertüten geschrieben haben, die sie beim Einkaufen erhielt. Vielleicht waren die Umstände tatsächlich ein wenig wie in der erwähnten Novelle: »Die Kleinen mit ihrem Instinkt für Güte, ihrem

ten Sommer steinhart. Da hatte man keinen Eisschrank nötig, um die Speisen frisch zu halten. Die Kartoffeln und Kohlköpfe lagerten dort für den Winterbedarf, und in der Äpfelkammer waren Mutters Einmachetöpfe aufgestapelt, mit herrlichen Sachen gefüllt, die man damals in unserer kleinen Stadt für einen märchenhaft billigen Preis auf dem Wochenmarkt erstand. […] Auch ein hübscher Garten war neben dem alten, lieben Hause. Er lag etwas höher als der Hof. Einige Obstbäume standen darin, deren Früchte nie so recht zum Reifen kamen – meine Brüder und ich, wir hatten nämlich ei-

naiven Egoismus merkten rasch, daß die Schusterwerkstatt, die Küche und der lange, schmale Hof mit dem Holzstall, dem Nußbaum und zwei Birnbäumen mehr Freuden bot als die schmale dunkle Straße, auf die sie angewiesen waren. So kamen sie manchmal in hellen Haufen, sangen liebe alte Kinderlieder, spielten ihre Spiele und kletterten auf Stall und Bäumen herum. Vater Birkner ist der Lärm, den die Kleinen verüben, niemals zuviel geworden, und wenn Mutter einmal mit einem Macht-wort dazwischen fahren will, begütigt er sie: ›Laß sie, Mutter, es sind doch Kinder.‹ Dann ist sie still und droht nur einmal den Ausgelassensten mit der großen Holzkelle. Ist das Wetter schlecht, drängen sich immer ein paar in der Werkstatt herum, allzuviele haben ja nicht Platz. Sie sitzen auf der schmalen Holzbank am Ofen oder hocken auf dem Boden. ›Vater Birk-ner, was erzählen.‹ Dann beginnt er in einer geheimnisvollen Art, die für die jugendlichen Gemüter unendlich spannend ist, halb Märchen, halb Sage von Bergen und Burgen und Län-dern, die er nie gesehen, und die er schildern kann, als wären sie ihm vertraut«.

Die Novelle weiß noch über andere Bildungsquellen des Schusters und seiner jungen Zuhörerschaft zu berichten. Ob es sich dabei tatsächlich um die Lektüre Birkners und damit um früh aufgenommenen Unterhaltungsstoff der kleinen Ernestine Mahler handelt, bleibt unsicher. Charakteristisch für die poten-ziell krause, unzeitgemäße Lektüre kleinbürgerlich-handwerkli-cher Unterschichten im zweiten Drittel des 19. Jahrhunderts bleibt dennoch, was Hartwig aufzählt.

»Wird beim Einbruch der Dämmerung die Schusterlampe an-gezündet, dann drängen sich die eifrigen Zuhörer an den Schustertisch und betteln bei ihrem alten Freund um das ›Thea-ter‹, ein zerlesenes Exemplar von Merians ›Theatrum euro-päum‹, dessen Abbildungen immer das staunende Interesse der

ne bedenkliche Vorliebe für halbreifes Obst. Und Blumen in Hülle und Fülle – Blumen, wie man sie jetzt kaum noch sieht, deren Namen meinem Gedächtnis entschwunden sind. Dazwischen Buchsbaumrabatten, in de-nen uns Muhme Birkner Ostereier versteckte – einfache, gekochte Hühner-eier, mit bunten Schnörkeln verziert, die Muhme Birkner kunstvoll drauf-malte. Wir suchten sie mit demselben Eifer, als wären sie aus köstlichem Marzipan oder Schokolade gewesen, wie sie jetzt der Osterhase bringt. Auf der Treppe, die vom Hofe aus in den Garten hinaufführte, da habe ich im

Kinder erregen; sie bilden gewissermaßen eine Ergänzung
zu den spannenden Erzählungen des Alten. Ist das ›Theater‹ durch, so kommt die Bil-
derbibel dran. Der übrige Teil
der kleinen Bibliothek kann
ihre Neugier nicht erwecken.
Da finden sich seltsame Werke: ›Die Kunst, einen großen
Garten und Zierpark wohl an-
zulegen‹, ›Eine Selbstbiografie
der Sängerin Agnese Sche-
best‹, ›Friedrich der Große

7 Das Birkner-Haus am Georgenberg in Weißenfels. Idealisierte
Darstellung, vermutlich von Fritz
Courths. Abdruck in der ›Rheinischen Hausfrau‹ 1913

und seine Zeit‹, ›Was jeder von seinem inneren Menschen
wissen muß, eine Verhütung von allerlei Gebrechen‹, ›Ist der
Mars bewohnt?‹, ›Rot von Geburt, durch Bildung weiß‹ und
alle möglichen Broschüren neben einzelnen Bänden von Klas-
sikerausgaben. Sein Lieblingsbuch aber ist eine Sammlung
mittelalterlicher Schwänke von Hans Sachs, dem Schuhma-
cher und Poeten. Dem Größten der Schustergilde gehört sein
ganze Verehrung.«

In Weißenfels ist Hedwig Mahler zur Schule gegangen, irgendwann zwischen 1873 und 1879. Mit dem Unterhaltungswert
der Geschichten Gustav Birkners konnte es die Volksschule aber
wohl nicht aufnehmen. Zwei Klassen der Gemeindeschule seien
ihre ganze Bildung gewesen, erzählte Hedwig Courths-Mahler
1927 in einem Interview, und noch 1938 berichtete sie in einem
Brief, sie habe »in der ersten Bürgerschule« die Schulbank gedrückt. Ihr Bruder, wohl Oskar, habe die dortige Seminarschule
besucht, also die Versuchsschule des örtlichen Seminars für Leh-
rerausbildung. »Was ich bin und kann, habe ich selbst gelernt

Sommer stundenlang gesessen unter einer breitästigen Kastanie und habe
die schönsten Märchen ›verschlungen‹. Auf dieser Treppe habe ich auch
meinen ersten dichterischen Versuch gewagt, der mir aber weder Lorbee-
ren noch Anerkennung einbrachte, sondern eine Strafarbeit für versäumte Schularbeiten. Ich mußte hundertmal abschreiben: ›Ich soll fleißig sein.‹
Das habe ich mir seither so fest eingeprägt, daß mir heute kein Mensch
mehr solche Strafarbeit aufzugeben braucht.«

und geschaffen«, schreibt die Autorin mit Genugtuung. Und ein andermal: »Alles, was ich bin und weiß, habe ich mir selbst erworben.«

Auch an Weißenfels selbst erinnerte sich die Autorin mit 72 Jahren bei Betrachtung einer Abbildung der Stadt sehr genau. »Wie habe ich mich am alten Weißenfelser Marktplatz erfreut, da ist alles da, was in mein Kindheitsparadies gehörte, der eine Brunnen – den fehlenden findet meine Phantasie außerhalb des Bildes –, die Kirche, das Rathaus, die Apotheke, die alte Konditorei von Spielmann, an dessen Schaufenster ich genüßlich und sehnsuchtsvoll die Nase gedrückt habe, das Geschäft von Zickmandel, in dem wir uns für einen ›Dreier‹ ›Studentenfutter‹ kauften, wenn eine mildtätige Seele uns diesen Reichtum spendete, alles ist noch da. Und das Schloß mit dem Turm ist auch da und hinten die Straße, die direkt zu dem Geschäft Lehnschmidt führte, wo wir unsere Griffel, Schiefertafeln und Schulbücher kauften.«

Von »Kindheitsparadies« ist immer wieder die Rede, wenn die Autorin auf ihre Weißenfelser Zeit zurückblickt. Dass es auch »sorgenvolle und trübe Stunden« gab, wird erwähnt, aber wenig beschrieben. Auf der ältesten erhaltenen Abbildung sieht man die kleine Hedwig im festlichen Kleidchen, vielleicht ein halbes Jahr alt, auf dem Schoß ihrer sanft blickenden Pflegemutter, die das Kind stolz dem Fotografen präsentiert. Das Schuhmacherehepaar Birkner habe sich »Gotteslohn an mir verdient«, wird sie später dankbar schreiben, »eine sonnige Kindheit« sei das gewesen. »Liebe – meine zweite Mutter –, nie vergeß' ich, was Du mir gewesen bist«, sagt der Held in ihrem

Über ihre ersten Schreibversuche hat Courths-Mahler bereits 1911 eine Darstellung publiziert. Darin werden die Lebensumstände des fantasiebegabten Kindes deutlich: »In dem Thüringer Städtchen Weißenfels verlebte ich meine ersten zwölf Lebensjahre. Damals tollte ich viel lieber mit meinen Brüdern im Freien umher, als daß ich still und fleißig hinter den Büchern gesessen hätte. Schon in unsere Spiele brachte ich gern einen romantischen Zug. Die Burgen stolz und kühn ›an der Saale hellem Strande‹ befruchteten meine lebhafte Phantasie. Mit großer Vorliebe spielten wir auf den alten, terrassenförmig abfallenden Friedhöfen mit ihren jahrhundertealten Erdbegräbnissen. Auf der Steinplatte der letzten Ruhestätte des Dichters Novalis ruhten wir unter einem mächtigen Holunderbaum aus, wenn wir müde waren. Am hellen Tage dachten wir nicht daran, daß unter uns die Toten ruhten. Aber in der Dämmerstunde war es dann schaurig

Aufstiegsroman ›Der Sohn des Tagelöhners‹ (1910). Immer wieder hat die Autorin ihrer Pflegemutter literarisch Denkmäler gesetzt, am eindringlichsten in ›Das Recht auf Glück‹ (1907), Handlungsort Weißenfels. Dort tritt das Schuhmacherehepaar unter seinem Namen auf. Als später die beiden Töchter von Hedwig Courths-Mahler Schriftstellerinnen wurden, wählten sie – nacheinander – im Andenken an ihre Pflegegroßmutter, die sie selbst noch kennen gelernt hatten, den Namen »Birkner« als Pseudonym.

Mit ihrem eigenen Namen war die kleine Ernestine allerdings gar nicht zufrieden. Ihr Pflegevater, der sie unter den Kostkindern bevorzugte, nannte sie liebevoll »Schnefter«. Ihre Spielkameraden sagten, wohl von Erwachsenen aufgeschnappt, »Hunnenkind« zu ihr. Konsequent erzwang sich das Mädchen, indem sie auf nichts anderes mehr hörte, einen neuen Namen: »Hedwig«. Hedwig hießen einige ihrer Vorfahren, Hedwig war ein beliebtes Pseudonym schriftstellernder Frauen, und Hedwig hießen die Heldinnen zahlloser Mädchenbücher der damaligen Zeit. ›Hedwig, die Zigeunerbraut‹ – das war angeblich ein Stück eines vorbeiziehenden Wanderzirkus, von dem sich die kleine Ernestine ihren neuen Namen auslieh. Vielleicht handelte es sich um Theodor Körners ›Hedwig, die Banditenbraut‹, das von einer geplanten Fortsetzung von Schillers ›Räubern‹ inspiriert und während des gesamten 19. Jahrhunderts ein beliebtes Stück auf Wanderbühnen war. In einer Zirkusvorstellung durfte Hedwig »Dornröschen« spielen – ihre Männer sollten fortan Prinzen sein. Ein reicher Bürgerssohn aus dem Städtchen hänselte sie wegen ihrer Armut. Als sie sich auf dem Schusterpodi-

schön. Vor dem Relief eines in Sandstein gehauenen Ehepaars aus einem alten Adelsgeschlecht, das an der Friedhofsmauer sein Erdbegräbnis hatte, blühte ein wilder Rosenstrauch. Dieses Sandsteinbild und der Rosenstrauch begeisterten mich eines Tages so sehr, daß ich meinen ersten literarischen Versuch wagte. Wie er ausgefallen ist, weiß ich nicht, – ich weiß nur, daß ich darüber meine Schularbeiten versäumte. Die Folgen waren nicht ermutigend für meine fernere schriftstellerische Laufbahn – ich übergehe sie mit Stillschweigen. Überhaupt ist mir niemals Förderung zuteil geworden. Meine ferneren Ausflüge in das gelobte Land der Dichtkunst trugen mir manche Strafe, manchen Tadel ein, und meine Brüder waren empört, daß ich nicht mehr mit ihnen herumtollte, sondern in irgendeinem Winkel jedem erreichbaren leeren Stück Papier meine ›Gedanken‹ anvertraute. Kunterbuntes Zeug ist da zustande gekommen. Das Übel saß aber fest.«

um beim »Birkner-Hahn« – so nannten ihn die Soldaten der Garnison, deren Stiefel er reparierte – ausweinte, riet dieser ihr, sich beim nächsten Mal zu wehren. Das tat sie: bei einem neuen Demütigungsversuch schlug sie dem Jungen eine leere Petroleumflasche an den Kopf.

Als Pfleglinge des Schuhmachers mussten die Kinder die geflickten Stiefel im Tragekorb viele Kilometer weit zu den umliegenden Bauernhöfen bringen. Einmal wurden sie beim Pflaumenstehlen von einem Gewitter überrascht, kamen durchweicht auf einem nachbarlichen Gut an. Dort wurden sie mit überdimensionalen Kuchenstücken verwöhnt – später geht die Legende, dass diese Leute Verwandte von der mütterlichen Seite waren. Oft stand kaum etwas zu essen auf dem Tisch, wenn die Kinder müde vom Schuheaustragen nach Hause kamen. Häufig waren sie auf dem Wochenmarkt zu finden, wo sie die Händler um »Bücklinge ohne Kopf« und halbe Gurken baten, um satt zu werden.

Doch neben »Dornröschen«, Zirkuspracht und Novalis-Grab verströmt in der täglichen Umgebung ein weiterer Sachverhalt romantischen Glanz, der später für die Romane Hedwig Courths-Mahlers fruchtbar wird. Neben ihr und ihren Brüdern gibt es noch andere Kostkinder bei den Birkners, eines davon trägt den Namen Max Hüninger. Er ist der Sohn eines Offiziers der Garnison und der Näherin Louise Emilie Hüninger, heißt in Wirklichkeit Max von Massenbach, wächst aber unter dem Namen seiner Mutter auf. Geboren am 14. Dezember 1870, wird er »Ausputzfabrikant«. Als seine Pflegemutter im Jahr 1906 stirbt, ist er es, der ihren Tod den Behörden meldet. Er lebte noch bis 1938 in Weißenfels. Im Roman ›Das Recht auf Glück‹, der unmittelbar nach dem Tod von Mutter Birkner entsteht, wird er Rüdiger von Massenberg genannt – und heiratet die bürgerliche Heldin.

> »Als ich ein armes Kind war, hätte ich gern mal Wurst und Fleisch auf meinen Stullen gegessen.«
> *Hedwig Courths-Mahler am*
> *16. Dezember 1938 in einem Brief*

»Es war eine herrliche Zeit«

»Es ist merkwürdig, über was man alles nicht sprechen soll.
Ich glaube, das lerne ich nie begreifen.«
›Die Gouvernante‹
»Was zwischen den Zeilen lag, verriet ihm
eine Welt voll Weh und Leid.«
›Die Testamentsklausel‹

Das Jahr 1872 ist ein Schicksalsjahr für Hedwigs Mutter, Henriette Mahler. Im Mai stirbt ihr zweiter Sohn an den Pocken, im November sterben innerhalb von elf Tagen zunächst ihre Beinahe-Schwiegermutter in Nebra und am 20. November in Weißenfels ihre Mutter. Irgendwann im Laufe desselben Jahres wurde sie von Johann Friedrich Brand geschieden. Dieser ist keinesfalls, wie später behauptet, einem Verkehrsunfall zum Opfer gefallen, sondern er hat noch bis zum 13. März 1888 in Sangerhausen als Handarbeiter gelebt. Henriette verließ ihre Heimatstadt Weißenfels. Sie war 29 Jahre alt und es hielt sie nichts mehr dort. Sie sei aus dem Elternhaus gejagt worden, hieß es später: doch aus der Elterngeneration waren alle verstorben. Ob sie nur dem Gerede über ihre Person aus dem Weg gehen und in der Anonymität der Großstadt, immerhin mit neuem Namen, untertauchen wollte, steht dahin. Jedenfalls hält sie sich seit dem 19. Januar 1872 in Leipzig auf, vermutlich zusammen mit ihrem dreijährigen Sohn Oskar – ihrem Lieblingskind, wie Hedwig Courths-Mahler später über ihren Bruder berichtet. Die Tochter Hedwig bleibt mit dem jüngeren der Brüder, Max, bei den Birkners zurück. Gelegentliche Besuche der Mutter müssen den Kindern genügen; die 24 Taler Kost-

Leipzig nahm in der zweiten Jahrhunderthälfte, nach Berlin und Hamburg, eine bedeutende Rolle in der **Entwicklung der Prostitution** ein. Im Jahr 1865 gab es, einem zeitgenössischen Beobachter zufolge, 66 Bordelle und etwa 2500 Prostituierte. Im Januar 1868 wurde Prostituierten der Besuch des Neuen Theaters verboten, am 1. Dezember 1884 wurden die Bordelle geschlossen. Seit diesem Jahr gab es eine eigene Leipziger Prostituierten-Krankenkasse, aus der Kuren bezahlt wurden. Eine Verbesserung der Sittlichkeitsverhältnisse wurde durch das Bordellverbot nicht erreicht, vielmehr nahm das Zuhältertum rapide zu und die

8 Hedwig als Schülerin in der Bürgerschule Weißenfels, Fotografie um 1875

geld, die sie jährlich zahlt, reichen kaum für das Nötigste.

Über Henriettes erstes Jahrzehnt während der 1870er Jahre in Leipzig ist nichts bekannt. Am 21. April 1880 erhält sie vom Rat der Stadt kurzzeitig einen Heimatschein ausgestellt. Im Dezember 1881 werden jedenfalls in Leipzig eine Polizei- und eine Kriminalakte über Henriette Brand angelegt. Diese Dokumente sind verschollen; dass es sich dabei um einschlägige sittenpolizeiliche Unterlagen gehandelt hat, ist wahrscheinlich. Spätestens zu diesem Zeitpunkt wird deutlich, dass Henriette Brand, die in den Meldeunterlagen seit 1880 abwechselnd als Privata, Aufwärterin, Kochfrau, Zigarettenhändlerin und Vermieterin, im Adressbuch 1889 und 1890 offiziell als Strickerin firmiert, ihren Lebensunterhalt offenbar durch Prostitution bestritten. So viele Anekdoten ihre Tochter und deren Töchter später über Herkunft und Lebensweg der Hedwig Courths-Mahler verbreiteten: Die wirkliche Identität von Hedwigs Mutter wird dabei stets verhüllt. Henriette Mahler gehörte zu jenem kaum überschaubaren Heer von Mädchen und Frauen, die, meist nicht aus Leipzig selbst stammend, sich in der alten Handelsstadt an der Pleiße prostituierten und auf diese Weise, aus ländlich-bäuerlichen oder proletarischen Schichten stammend, eine Hoffnung auf sozialen Aufstieg in sich wach hielten.

Absteigequartiere vermehrten sich. 1891 wurden die öffentlichen Häuser wieder zugelassen. Im Februar 1893 waren den Behörden 87 Häuser bekannt und 127 Prostituierte gemeldet. Außerdem bestanden 34 reine Bordelle mit jeweils 10–20 Prostituierten. Als Zentren der Bordellprostitution galten Pleissengasse, Kupfergässchen, Ulrichsgasse, Münzgasse, Kleine und Große Fleischergasse, An der Wasserkunst, Preußengässchen, Sporergasse, Magazingasse, Lange Gasse, Schlossergasse, Neukirchhof, Fleischerplatz, Im Alten Hof, Webergasse und Glockenstraße, zahlreiche Absteigequartiere in anderen Stadtbezirken nicht gerechnet.

In mehrfacher Hinsicht unterschieden sich Prostituierte von dem Arbeitermilieu, in dem sie lebten. Häufig war ihr Lebensstandard höher. Trotz der Unsicherheit ihres Einkommens und der Gefahren und professionellen Risiken ihres Gewerbes waren Prostituierte gewöhnlich besser gekleidet als andere Frauen ihres Viertels. Außerdem verfügten sie, wie die männlichen Nachbarn, über eigenes Geld. Insofern dürfte Henriette Brand zumindest vorübergehend tatsächlich einen gewissen sozialen Aufstieg erlebt haben. Dafür sprechen die Beobachtungen eines anderen Zeitgenossen, der 1893 berichtet: »Die Leipziger Bordelle sind stadtbekannt; mehrere enge und abgelegene Straßen, wie die Zimmerstraße, das Kupfer- und das Sporergässchen für feinere Ansprüche, die Ulrichsgasse für Soldaten und Arbeiter, sind reich an solchen Häusern.« In Kupfer- und Sporergasse hat auch Henriette Mahler gewohnt, insofern kam sie »für feinere Ansprüche« in Frage. Ein Foto zeigt sie mit Siegelring, Uhrkette und Medaillon, in der Hand ein Buch, vermutlich Goldschnitt-Lyrik, im hochgeschlossenen Kleid mit ernstem Gesichtsausdruck, schmale Lippen, Mundwinkel skeptisch hochgezogen: die sichtlich um Haltung bemühte Positur einer vom Leben gebeutelten Frau, der Insignien bürgerlich-weiblicher Ehrbarkeit Halt und Rahmen geben. Andererseits galten Petersstraße, Reichsstraße, Windmühlenstraße u. a. als Zentren der Straßenprostitution, auch dort hat sie mit ihren Kindern gelebt.

Am 9. Mai 1900 starb Henriette in Leipzig, gerade 57 Jahre alt geworden. Zuletzt hatte sie unter Polizeiaufsicht gestanden, nachdem sie am 28. Juni 1899 vom Landgericht in Leipzig wegen Kuppelei zu einem Monat Gefängnis verurteilt worden war. Diese Bemerkungen erhalten ihre eigentliche Bedeutung, wenn man sich vor Augen hält, dass – zumindest in den 80er Jahren – die drei Kinder der Henriette Mahler, also Hedwig und ihre beiden jüngeren Brüder Max und Oskar, wieder bei ihrer Mut-

Zwischen 1882 und 1900 wechselte **Henriette** mindestens 17 Mal ihre Wohnung. In den 80er Jahren wohnte sie in der Centralstraße 12, Alexanderstraße 15, Hohestraße 7, Peter Stein-Weg 60, Kupfergasse 1, Reichsstraße 23, Kupfergasse 2, Sporergasse 4 (Parterre) und Leplaystraße 5 (Hinterhaus, 1. Etage). Die weiteren Wohnungen: Turnerstraße 12 (2. Etage; seit 1.10.89), Brüderstraße 19 (2. Etage; seit 13.9.90), Turnerstraße 11 (2. Etage; seit 1.4.96), Härtelstraße 15 (Parterre; seit 1.10.98), Elisenstraße 34 (2. Etage; seit 1.4.99), Windmühlenstraße 45 (4. Etage bei Sattler; seit 1.7.99) und Körnerstraße 8 (Parterre bei Müller; seit 1.5.1900).

ter lebten und mit dieser im ständigen Wechsel von Wohnung zu Wohnung zogen. Für Hedwig sind die Adressen Central-straße 12, Alexanderstraße 15, Mühlengasse 1, Königstor 26, Pe-terstraße 4, Nauenerstraße 4 (1. Etage) und Leplaystraße 5 (Hin-terhaus, 1. Etage) nachweisbar, was weitgehend identisch ist mit den Wohnungen der Mutter. Dasselbe gilt für Oskar und Max. Hier also ist das eigentliche Milieu zu suchen, dem das junge Mädchen, das so gerne schreibt und träumt, um jeden Preis entkommen möchte, das Milieu, zu dem es in mehr als 200 Romanen ein Gegenbild entworfen hat, von dem es nur zu ge-nau wusste, dass es der gesäuberte, emotional aufgeladene Po-sitivabdruck ernüchterndster Realität war: die Treppenhäuser und Salons, die Gastwirtschaften und Absteigequartiere, in de-nen eine körperliche Illusion von Liebe mit Geld bezahlt wird. Je überzeugender die »Künstlerin« bei der Herstellung dieser Il-lusion verfährt, desto lukrativer wird ihr Geschäft. Je perfekter Henriette also die sexuellen Wunschträume ihrer männlichen, (vermutlich) bürgerlichen Kundschaft zu inszenieren verstand, desto eher kam sie ihrem Ziel, der eigenen Gutbürgerlichkeit, nahe.

Für die vierzehnjährige Hedwig dürfte es eine befremdende und desillusionierende, sicher auch bittere Erfahrung gewe-sen sein, aus der zwar sehr ärmlichen, aber doch relativ behü-teten Situation bei ihren Pflegeeltern auf dem Land in die Großstadt zu kommen und dort, möglicherweise erst nach und nach, mitzubekommen, welchem Gewerbe die Mutter nachging. Als Mädchen war das für sie insofern doppelt schwierig, als dem Makel einer unehelichen Geburt häufig das zusätzliche Stigma anhaftete, der Prostitution entgegenzu-gehen. Insofern ist gut vorstellbar, dass jene Situation sexuel-

›Regina, mache mich nicht wahnsinnig. Ich kann ohne Dich nicht leben. Zu viel der Qual habe ich schon um Dich ertragen. Du mußt mir gehören. Ich gehe nicht von der Stelle, bis Du mir gelobst, mein Weib zu werden.‹ Er umfaßte sie fester und legte seinen Kopf auf ihren Schoß. Sie rang vergebens, loszukommen. Mit aller Kraft ihres jungen, geschmeidi-gen Körpers wehrte sie ihn von sich ab. Sie stemmte beide Arme gegen seine breiten Schultern, und in höchster Not schrie sie laut um Hilfe. ›Es hört Dich niemand, Du bist in meiner Gewalt. Treibe mich nicht zum äußersten, Mädchen‹, keuchte er. Und dann flehte er wieder mit heißer Zärtlichkeit um ihre Liebe. ›Sag doch, daß Du mir gehören willst. […] Du

ler Bedrängnis, die Hedwig für die Leipziger Zeit in Zusammenhang mit ihrer Verkäuferinnentätigkeit bei Roßmäßler berichtet hat, sich nicht unbedingt mit einem Dienstherrn und im Geschäft abgespielt hat, sondern mit einem Freier ihrer Mutter und in der heimischen Wohnung. Im bereits erwähnten Roman ›Das Recht auf Glück‹ (1907; Buchausgabe ›Glückshunger‹, 1921), der zahlreiche autobiografische Bezüge enthält, ist eine solche versuchte Vergewaltigung mit jener Mischung aus Schmeichelei und Gewalt, die für diese Gelegenheiten zum literarischen Topos gehört, eindringlich geschildert.

9 Prostitution. Nach einer Zeichnung von Arthur Kampf

Zum Erzählkonzept der Autorin Hedwig Courths-Mahler gehörte es offenbar, das Bedrängend-Widerwärtige im materialistischen Liebeskonzept ihres Herkunftsmilieus in eine domestizierte Form der Liebe umzuwandeln, ohne dessen schwelgerisch-kreatürlichen Unterstrom, der trotz alledem zu spüren ist, austrocknen zu lassen. Dass Frauen eigene sexuelle Sehnsüchte haben, schildert der gleiche Roman an anderer Stelle. »Ihre brennenden Augen ließen nicht von seinem etwas

weißt noch nicht, was Liebe ist, mein Mädchen, sträubst Dich voll holder Schüchternheit gegen ihren süßen Zauber. Fühle, wie mein Herz pocht vor Wonne, daß es an dem Deinen schlägt. Regina, ich muß Dich küssen, und wenn es mein Tod ist.‹ Wieder zitterte ein Schrei durch den Garten. Regina war der Ohnmacht nahe. Sie bog den Kopf zurück, so weit sie konnte. Stumm rangen sie miteinander. Fester und fester zog er ihren bebenden Körper an sich. Der heiße Hauch seines Mundes glühte über ihr Gesicht. Ein Gefühl des Ekels und Abscheus überfiel sie und große Tränen der Angst füllten ihre Augen. Schon war sein Mund dem ihren so nahe, daß er ihn streifte. ›Das Recht auf Glück‹ (1907)

blassen, aber nicht unschönen Gesicht. Glühende Leidenschaft durchtobte ihr ganzes Sein. Sie hätte sich ihm zu Füßen
werfen mögen und ihn anflehen: ›Erbarme Dich meiner!
Nimm mich in Deine Arme, an Dein Herz! Laß mich nur ein
einziges Mal erfahren, was Liebe geben kann!‹ Aber was jedem, selbst dem häßlichsten Mann, als Recht zusteht, das ver-
bietet die Sitte grausam dem Weibe. Es muß harren, bis einer
das erlösende Wort spricht, und wenn das Herz dabei in
Stücke geht.«

Dirnen war es aus Sittlichkeitsgründen in den meisten Städten des Deutschen Reiches verboten, ihre Freier offen anzu-
sprechen. Sie mussten indirekt, durch »Winken« mit Taschen-
tüchern und ähnliche Tricks, auf sich und ihre Dienste
aufmerksam machen. Das »erlösende Wort« durfte nur vom
Mann kommen. Die kompensatorischen Bezüge der zitierten
Stelle zu solchen soziologischen Fakten sind leicht erkennbar.
Schon für kritische Beobachter der damaligen Zeit wie August Bebel oder Adelheid Popp lag im Übrigen die strukturel-
le Identität von bürgerlicher Versorgungsehe und offener
Prostitution auf der Hand. Das hohe Verdrängungspotenzial,
das in den Romanen der Courths-Mahler sichtbar wird, be-
trifft insofern nicht in erster Linie die sexuelle Seite der
menschlichen Natur. Ihr Romanpersonal seien »Nippesfigu-
ren ohne Unterleib«, meinte Hans Reimann. Doch weit mehr
als das sind sie Personen ohne jedes Organ für den materiellen
Tauschwert der Liebe. Die Romane enden nicht deswegen
sämtlich vor dem Traualtar, weil dies das eigentliche Ziel der
Liebe wäre, sondern weil die Autorin nur allzu gut weiß, dass
eine Heirat, im bürgerlichen Zusammenhang, sichtbarster
Ausdruck eben jenes materiellen Tauschwerts der Liebe ist,
den in seinen düsteren Konsequenzen zu schildern sie ab-
lehnt. Das ist ihr zu profan, alltäglich und bitter. Das sollen

Hedwigs Bruder Oskar, erst Hand-
lungsgehilfe, später Buchhalter, gelingt im Lebenslauf die bürgerliche
Variante: Er leistet 1889 seinen Mili-
tärdienst in Torgau und heiratet 1894
eine Lehrerstochter, mit der er 1901
einen Sohn, Erich, hat. Max dagegen,
der jüngere Bruder, schlägt eine andere Richtung ein: Zunächst Laufbur-
sche, dann Drucker und Galvanoplast,
ist er faktisch Zuhälter. Er geht als
Fünfzehnjähriger nach Hamburg,
später nach München, muss vom
4. Februar 1890 bis 3. Mai 1891 eine
Gefängnisstrafe wegen schweren
Diebstahls absitzen, hält sich in Co-
burg, Herisau, Allenstein und erneut
Hamburg auf, von wo er wegen Vigi-

gefälligst die Naturalisten, das sollen Hauptmann, Kretzer und Zola machen. Also beschreibt sie später in endlosen Variationen die Situation »davor«: vor der Heirat, vor dem Schlafzimmer, vor dem Streit. Und zwar handelt es sich weniger um ein zeitliches als um ein logisches Vorher: die Liebe muss, um als Marktwert erkennbar zu sein, wachsen, sich entwickeln, sie muss geschildert, gespürt und existenziell erfahrbar gemacht werden. Kaum anderes hat Hedwig Courths-Mahler in der zweiten Hälfte ihres langen Lebens mit ihren Romanen getan.

Am 3. September 1884 bringt Henriette Brand in Leipzig ihr fünftes Kind auf die Welt; Friedrich Alfred, ebenfalls unehelich, stirbt nach dreieinhalb Wochen. Hedwig ist zu dem Zeitpunkt 17, Oskar 15 und Max elf Jahre alt. Die Wohnverhältnisse der vaterlosen Familie muss man sich eher bedrückend vorstellen. Dass Hedwig sich unter solchen Umständen in die Fantasie, in exzessive Lektüre flüchtet, hilft ihr, die Realität des Gegenwärtigen überhaupt zu ertragen: ihre Mutter eine Dirne, zahlreiche Männer; die Kinder als Zeugen unappetitlicher Details, zum Beispiel laut Familienüberlieferung »Abtreibungen auf dem Küchentisch«.

Das Schicksal der jungen Hedwig ist für das Jahrzehnt zwischen dem zwölften und zweiundzwanzigsten Lebensjahr nur schwer zu rekonstruieren. Kaum lässt sich entscheiden, was an den umlaufenden Erzählungen Wahrheit und was Überformung ist, wo Selbsttäuschung und Verfälschung beginnen. Sie kommt jedenfalls 1879 zu ihrer Mutter und geht in Leipzig zunächst noch auf die Schule. Ostern 1881, sie ist gerade 14 Jahre alt, endet ihre Schulzeit. »Begabt, doch wenig fleißig, verträumt und verspielt« soll auf ihrem Abgangszeugnis gestanden haben. Ihre Mutter habe zu dieser Zeit für Studenten einen billigen Mittagstisch eingerichtet, heißt es. Dabei

lanz (Herumtreiberei) ausgewiesen wird, geht nach Berlin und zurück nach Leipzig. Dort stirbt er schließlich elend, am 16. Mai 1909, in der Psychiatrischen Klinik der Universität, sechsunddreißigjährig. Angegebener Beruf: Briefmarkenhändler. Todesursachen: Herzversagen, Hirninfarkt, Nierenentzündung. Drei Jahre zuvor

hatte er sich mit Syphilis infiziert, die sich offenbar im Tertiärstadium befand und für das Nierenversagen verantwortlich war. Auch die Psychose, die vor seinem Tod stationär behandelt wurde, wird eine Folge der Syphilis gewesen sein. Seine Leiche wurde obduziert. Das Sektionsprotokoll liegt bis heute im Universitätsarchiv.

10 Hedwig in Leipzig. Fotografie,
um 1881

sollte sie helfen. Die Mutter brauchte sie angeblich in der Küche und als Bedienung. Das kann nicht lange gut gegangen sein, denn Hedwig suchte sich lieber selbst eine Stellung mit eigenem Einkommen. Als Anlass für diese immerhin erstaunlich selbstständige Entscheidung der Vierzehnjährigen wurde in der Familie eine Geschichte kolportiert, die, in gewiss bildhafter Drastik, eine tiefe Entfremdung zwischen Tochter und Mutter beschreibt. Es habe eine heftige Auseinandersetzung gegeben, eine Katastrophe: »die Mutter mutete Hedwig zu, mit 4 jungen Hunden zum Kupieren zu gehen«. Das wurde offenbar sehr roh erledigt, und »der Jammer brach Hedwig fast das Herz«. In ihrer Entrüstung habe sie endlich den Mut gefunden, ihrer Mutter »aufzusagen«.

Immer wieder schildert die Autorin in ihren Romanen solche Momente der Enttäuschung, in denen (Schwieger- oder Stief-) Töchter die wahre Natur ihrer Mütter erkennen müssen. In ›Untreu‹, dem zweiten in Buchform erschienenen Roman (1907), ist die Figur der jungen, berechnenden Erna diesbezüglich aufschlussreich. Von ihrer Kleidung heißt es: »Die Toilette, die einen etwas extravaganten Geschmack verriet, war bis an die Grenze des Erlaubten dekolletiert.« Das ist im Kosmos von

Warum war sie [die Stiefmutter] so hingebend gegen ihn [den Vater] gewesen, wenn ihm ihre Liebe nicht gehörte? Sollte das alles Verstellung, Berechnung gewesen sein? Hatte sie ihn, den alternden Mann, nur aus pekuniären Gründen geheiratet? Wenn das alles nur Komödie war, welch ein Abgrund von Niedrigkeit tat sich da vor seinen entsetzten Blicken auf! [...] Zum ersten Male hatten Schuld und Sünde mit unreinem Hauch den Weg des jungen Mädchens gestreift. Sie kam sich gedemütigt, erniedrigt vor.   ›Untreu‹ (1907)

Hedwig Courths-Mahler eine deutlich negative Markierung, die nicht zufällig bereits in diesem frühen Roman mit sexuellen Konnotationen einhergeht. Auch in Zukunft werden offen sexuelle Attribute vor allem Kennzeichen negativer Frauengestalten sein, die nicht selten »unnatürliche«, nicht liebende, also nicht wirkliche Mütter sind. Insofern ist es nur konsequent, dass Erna im Text die Stiefmutter ist. Deshalb ist es auch kein Zufall, wenn Rut, die weibliche Heldin des Romans, die nicht die Tochter dieser Frau sein will, als Abbild der Autorin gestaltet ist. »Eine elegante, schlanke Gestalt mit weichen, runden Linien, trotz aller Feinheit kraftvoll angelegt. Darauf ein feines Köpfchen, nicht schön im strengen Sinn, aber mit anmutigen, lieblichen, mädchenhaften Zügen. Von vollendeter Schönheit waren jedoch die dunklen, sprechenden Augen, der feingeschnittene Mund und die Hände.« Die »Mutter« geht mit ihrem Mann sachlich und berechnend um. »Sie reichte ihm mit geschlossenen Augen den Mund. Hätte er in ihre Augen hineinsehen können, wäre ihm wohl zum Bewußtsein gekommen, wie widerwillig sie seine Zärtlichkeiten über sich ergehen ließ. [...] Sie wünschte in diesem Augenblick, daß der reiche Mann, dem sie sich verkauft hatte, kein Recht mehr habe, sie in die Arme zu schließen.« Dies mag ungefähr auch die Perspektive eines jungen Mädchens sein, das feststellen muss, dass die eigene Mutter – von der sie bislang vielleicht ein idealisiertes, in der Ferne entworfenes Bild gehabt hat – aus dem Verkauf der eigenen Person ein Geschäft macht.

Die reale Mutter wird zunächst, der Roman legt das nahe, versucht haben, ihr Gewerbe vor der Tochter zu verheimlichen. »In letzter Zeit ging sie [die Mutter] viel aus, um, wie sie sagte, Besorgungen zu machen. Sie ließ sich dann meist in eins der großen Modemagazine fahren und ließ den Wagen manchmal stundenlang warten. Daß sie inzwischen, das Geschäft durch ei-

Pflicht

Wie oft wirst Du gescholten
Wenn Du ein Werk vollbrachst
Es wird Dir schlecht vergolten
Auch wenn Du's gut gemacht.

Und wenn Du was geschaffen
Von minder großem Wert

Dann wirst Du oft von Laffen
Gerühmt und festgeehrt.

Hast Du in beiden Fällen
Nur Deine Pflicht gethan
Laß Dir sie nicht vergällen
Dann bist Du wohl daran.

Am 18/3 99   *Nachlass, Berlin*

nen anderen Ausgang verlassend, diese Zeit an einem anderen Orte zubrachte, merkte niemand. Zuweilen sandte sie auch den Wagen nach Hause und kehrte zu Fuß oder in einem Mietswagen heim. Sie war dann immer sehr liebenswürdig [...], neckte Rut in übermütiger Weise wegen ihres ernsten Wesens und spielte sich ganz als liebevolle [...] Mutter auf.« In einem anderen Roman von 1904 heißt es:»Die Liebkosungen ihres Bräutigams waren ihr geradezu widerwärtig, eine Ahnung dämmerte ihr auf, wie entwürdigend es für ein Weib ist, sich einem Mann ohne Liebe zu eigen zu geben. Was dem liebenden Weib Wonne, Seligkeit sein mußte, das war ihr Qual, und ein Ekel an sich selbst stieg in ihr auf.« (›Licht und Schatten‹)

Hedwig verdingt sich als Dienstmädchen, sie scheuert Treppen, betreut kleine Kinder, wird wegen Kleinigkeiten entlassen und tritt neue Stellungen an. Mit dem ersten selbst verdienten Geld erfüllt sie sich einen bis dahin unerschwinglichen Wunsch: sie kauft Schokolade. Mit vier ganzen Tafeln und einem neuen Hut taucht sie am Wochenende in Weißenfels auf und spielt bei Birkners die gute Fee.

Mit etwa 15 Jahren kommt Hedwig als Betreuerin zu einer gichtkranken alten Dame, die von früh bis spät umsorgt sein will. Ein bürgerliches Haus. Hedwig schiebt die Kranke im Rollstuhl spazieren und unterhält sich viel mit ihr. Kaum mehr als Name und Lebensdaten sind von Louise Wilhelmine Rumschöttel, geborene Erkel (1798–1882), ausfindig zu machen, was bedauerlich ist, denn sie spielte für Hedwigs geistige Entwicklung eine wichtige Rolle, obwohl es sich nur um eine kurze Episode handelte. Die Autorin hat später immer wieder erzählt:»Nun mußte ich ihr sehr viel vorlesen, auch nachts. Und so wurde ich mit der ganzen damaligen Literatur bekannt.« Ihre Tochter Friede Birkner hat das dementiert: ihre Mutter sei doch nur ein ungebildetes Dienstmädchen gewe-

11 Anzeige der ›Gartenlaube‹ in den ›Leipziger Nachrichten‹ vom 30. Mai 1886

sen, keine Gesellschafterin, außerdem sei die alte Dame gar nicht an Romanen interessiert gewesen. Auf jeden Fall lernte Hedwig wohl im Hause Rumschöttel (Lessingstraße 8) die ›Gartenlaube‹ kennen: »Sie holte sich die bereits gelesenen Nummern der ›Gartenlaube‹ in ihren kleinen Verschlag am Ende des Ganges und las bei Kerzenlicht begierig bis tief in die späte Nacht hinein.« Auf die Frage nach ihren Lieblingsschriftstellern zu dieser Zeit antwortete sie später in einem Interview: »Natürlich die Marlitt, die Heimburg, aber ebenso Gustav Freytag, Felix Dahn usw.« An anderer Stelle berichtet sie, Eugenie John, die sich als Schriftstellerin E. Marlitt (1825–1887) nannte, sogar persönlich gekannt zu haben: »Als junges Mädchen hat die Marlitt einen großen Einfluß auf mich genommen; ich habe sie noch persönlich gut gekannt. Die arme Frau, wie hat man auch ihr die letzten Lebensjahre verbittert!« Wann und wo ein solches Treffen zwischen der jungen Hedwig Mahler und der alternden Marlitt stattgefunden hat, ist nicht bekannt. Über den Ablauf eines persönlichen Treffens jener beiden, die heute als die Repräsentantinnen des frauenliterarischen Kitsches gelten, hätte man gerne mehr gewusst.

Bei Rumschöttels erschloss sich dem Dienstmädchen Hedwig also die literarische Welt – und sie erkannte sie rasch als ihre eigene. Denn nun, angeregt durch Marlitt, schreibt sie auch selbst, und sie getraut sich, ihre Geisteskinder Louise Rumschöttel zu zeigen. »Die Novellen, die ich geschrieben hatte, legte ich meiner alten Dame vor, und als sie sie gelesen hatte, sagte sie mir, warum ich die alle mit einem bösen Ende ausgehen ließe. Ich ließ nämlich alle sterben, die in meinen Romanen zu tun hatten. Und das kam mir natürlich dann auch lächerlich vor und das habe ich gelassen, und daraus ist jetzt mein immerwährendes Happy End entstanden.«

E. Marlitt war die prominenteste, aber keineswegs die einzige bedeutende Autorin der ›**Gartenlaube**‹. Friedrich Gerstäcker, Balduin Möllhausen, Wilhelm Raabe, Ludwig Ganghofer, Theodor Fontane, Friedrich Spielhagen, Felix Dahn, Theodor Storm oder Annette von Droste-Hülshoff verfassten ebenfalls immer wieder Beiträge für das beliebte Familienblatt, das gegen Ende der 1870er Jahre eine Auflage von über 400 000 erreicht hatte. Wer die ›Gartenlaube‹ las, hatte Zugang zum Mainstream der damaligen deutschen Literatur.

Hedwig Courths-Mahler hat nur wenig ausführlich über diese Zeit berichtet. Der längste Text ist eine idealisierende Kurzgeschichte von 1927, die einen Spaziergang in ein Thüringer Dorf 1881 schildert. Die Ich-Erzählerin trägt »das erste selbstverdiente Kleid und die ersten selbstverdienten Schuhe«, verliebt sich in einen blonden Sänger, der sie, für einen großen Fliederstrauß, küssen darf. »Ich rannte davon, als brenne der Boden unter mir, die engen Schuhe brannten viel weniger als die geküßten Lippen. Es war einfach wunder-

E. **Marlitt**, die sich gegenüber Fürst Pückler als »ein Menschenkind mit völlig demokratischer Weltanschauung hinter der Stirne« bezeichnete, war zu dieser Zeit längst die berühmte und gefeierte Hausautorin der ›Gartenlaube‹. Sie lebte im thüringischen Arnstadt, das von Weißenfels nicht allzu weit entfernt liegt, ein ziemlich öffentlichkeitsscheues und zurückgezogenes Leben. Der Verlag der ›Gartenlaube‹ war in Leipzig beheimatet. Zu der Zeit, als die junge Hedwig Mahler in Leipzig lebte, erschienen in der ›Gartenlaube‹ gerade die letzten Romane der Marlitt, ›Im Schillingshof‹ (1879), ›Amtmanns Magd‹ (1881) und ›Die Frau mit den Karfunkelsteinen‹ (1884). Zur gleichen Zeit kamen aber auch bereits Romane der beiden Marlitt-Nachfolgerinnen Wilhelmine Heimburg und E. Werner heraus. Von Heimburg erschien zwischen 1878 (›Lumpenmüllers Lieschen‹) und 1913 fast jährlich einer, von E. Werner zum Beispiel ›Gebannt und erlöst‹ (1883), ›Verdächtig‹ (1885), ›Sankt Michael‹ (1886) oder ›Die Alpenfee‹ (1888). Von ihren Nachfolgerinnen, einschließlich Louise Westkirchs, die seit 1892 in der ›Gartenlaube‹ zu veröffentlichen begann, unterschied sich Marlitt ganz wesentlich dadurch, dass sie keine Vielschreiberin war. Ihre insgesamt nur acht Romane brachten ihr harsche Kritik und höchste Anerkennung teils aus berufenem Mund, beispielsweise von Theodor Storm und Gottfried Keller. Anders als Hedwig Courths-Mahler war sie, vor allem mit ihren ersten Romanen, eine ausgeprägt sozialkritische Schriftstellerin. Gemeinsam ist beiden Autorinnen jedoch ein bedeutsames literarisches Motiv. Rudolf Gottschall schrieb dazu: »[Den ersten] drei [Marlitt-] Romanen liegt das Schema der volksthümlichsten deutschen Sage, das Aschenbrödel, zu Grunde. Die Vorliebe für diesen Stoff ist tief in deutscher Gemüthsart begründet. Denn derselben ist ein unbestechliches Rechtsgefühl zu eigen, welches die Entrüstung über unverdiente Zurücksetzung nie verleugnen kann und den endlichen Triumph verkannter oder gekränkter Unschuld überdies mit Jubel begrüßt.« Die Marlitt-Romane wurden, kaum dass sie erschienen waren, in Dutzenden von (illegalen) Bühnenbearbeitungen unters Volk gebracht – auch zahlreiche Courths-Mahler-Romane wurden (von ihr und ihren Töchtern) für die Bühne bearbeitet und jahrelang erfolgreich aufgeführt. Das Publikum belagerte freitags in Scharen die Expedition der ›Gartenlaube‹, um an die nächste Romanfortsetzung zu gelangen, und begann noch auf der Straße mit der Lektüre. Die Marlitt-Romane ließen die Abonnentenzahlen der ›Gartenlaube‹ in ungeahnte Höhen schießen.

voll!« Sieben Jahre später sieht sie den Sänger wieder, als er im Leipziger Neuen Theater im ›Tannhäuser‹ die Partie des Wolfram von Eschenbach singt. Sie erfährt seinen Namen, verschweigt ihn aber: »er soll auch heute nicht erfahren, daß er die erste Liebe der Courths-Mahler war.« Selbstironisch resümiert sie: »Sie werden sich nun nicht mehr wundern, daß ich die Courths-Mahler geworden bin. Solche Erlebnisse verpflichten.«

Der Tod der alten Frau Rumschöttel am 23. April 1882 beendet Hedwigs Dienst. Die Kinder der Verstorbenen, Carl Paul (1830–1890) und Fanny

12 E. Marlitt, eigtl. Eugenie John. Fotografie

Therese (1838–1908), schenken ihr einen ganzen Taler als Anerkennung für ihre krankenpflegerische Hilfeleistung. In den nächsten Jahren arbeitet Hedwig in verschiedenen Geschäften als Verkäuferin. Dass sie tatsächlich eine regelrechte Lehrstelle angetreten hat, wie berichtet wird, ist unwahrscheinlich. In der Firma der Gebrüder Roßmäßler, einem alteingesessenen »Seidenband- und Weißwarengeschäft«, Am Markt 12, verkauft sie Wäsche, Spitzen, Samt und Seide. »Am Tage stand ich hinter dem Ladenpult, bediente die eleganten Welt- und Halbweltdamen Leipzigs und war von meiner Wichtigkeit restlos überzeugt«, erzählte sie später. »In der Nacht aber schrieb ich jetzt

Hedwig Courths-Mahler über ihre damaligen Geschichten: »Sie waren alle sehr, sehr traurig. Und sie endeten schlimm. Ja, alle endeten schlimm. Damals hatte ich ja wenig Grund zu der Hoffnung, dass auch einmal etwas gut ausgehen könnte.«

selbst kleine Geschichten, die zumeist erst in den Morgenstunden fertig wurden.« Mehrmals kommt sie deshalb morgens zu spät ins Geschäft und wird von der Besitzerin ausge-
scholten. Ein Neffe des Hauses nutzt die Zwangslage des
jungen Mädchens aus, will sich im Magazin an ihr vergreifen.
Die ebenso hübsche wie selbstbewusste Hedwig Mahler verabreicht ihm ein paar Ohrfeigen und wird dafür gekündigt.

Die Mutter steht dem nächtlichen Schreiben skeptisch gegenüber. Das sei brotlose Kunst, lässt sie Hedwig wissen.
Aber Ablehnungen wie diese sind, nicht nur bei Hedwig
Courths-Mahler, fester Bestandteil von Aufsteiger-Biografien,
denen eine literarische Karriere, wie medioker auch immer,
nun einmal nicht an der Wiege gesungen wurde. Schon ihre
Brüder hatten ihre Geschichten kritzelnde Schwester nicht
sonderlich geschätzt. Nun also die ablehnende Mutter. In der
nächsten Lebensphase wird es der Ehemann sein, der sich
heftig dagegen verwahrt, mit einer Frau verheiratet zu sein,
die sich solchermaßen unbürgerlichen, geradezu unschickli-
chen Tätigkeiten hingibt und die darüber womöglich Haushalt und Kinder vernachlässigt. Was sollten dazu die Nachbarn
sagen? Zumal sie »nur für mich« schreibt, für die Schublade,
wo sich, wenn man der Überlieferung trauen kann, im Lauf
der Jahre die Manuskripte stapeln. Wer so schreibt, der
schreibt um sein Leben. Hedwig braucht ihr »nächtliches Ge-
kritzel«, um in ihrer kleinbürgerlichen, miefig-anrüchigen
Umgebung nicht zu vergehen. Auf diese Weise wird sie wirklich: im Schreiben. Leider sind alle diese Geschichten verschollen. Schreiben ist für sie ein Akt der Emanzipation. Wenn
Gottfried Keller in seiner vehementen Verteidigung der Marlitt schrieb: »Diese Person besitzt ein tüchtiges Freiheitsge-
fühl, und sie empfindet wahren Schmerz über die Unvoll-
kommenheit in der Stellung der Weiber«, so gilt dies, was die

Mey & Edlich waren königlich-säch-
sische Hoflieferanten und gaben einen reich illustrierten »Special-Cata-
log« heraus. »Beim Verlangen
desselben beliebe man anzugeben,
auf welche Waarengattung man re-
flectirt.« Das Unternehmen war ein
Vorläufer der großen Warenhäuser,
wie sie von Leonhard und Hermann

Tietz nach der Jahrhundertwende in
ganz Deutschland gegründet wurden. Das Prinzip »Alles unter einem
Dach« war hier bereits vorgeprägt.
»Es ist unser streng durchgeführtes
Princip, nur gute, sich im Gebrauch
bewährende Artikel zu den möglichst billigsten Preisen zu verkaufen«, hieß es in großformatigen Zei-

seelische Antriebskraft angeht, sicher auch für die junge Hedwig Mahler.

Als Verkäuferin wechselt sie von Roßmäßler zu Ahlemanns Hutsalon. Die Firma Carl Ahlemann, »Strohwaren-Manufaktur, Fabrik von Hutfacons und Filzhüten«, hatte im Thomasgässchen 11 ein Magazin mit Verkauf, im Stockwerk darüber Kontor und Versand; im dritten Stock befand sich die Wohnung der beiden Inhaber Carl Robert und Carl Emil Ahlemann, in der vierten Etage die Fabrikation. Daneben gab es die Firma Julius Ahlemann, ebenfalls eine Strohwaren-Manufaktur, im Besitz der Witwe Anna Auguste Ahlemann, der Mutter der beiden anderen Ahlemanns. Dieses Geschäft befand sich in der Grimmaischen Straße, im Parterre des Rathauses, das Stroh- und Filzhutlager war in der Grimmaischen Straße 2. Wo genau Hedwig gearbeitet hat, ist nicht bekannt. Einmal wettet sie mit dem Chef um einen nagelneuen Regenschirm, dass sie auch Ladenhüter verkaufen könne. Binnen zwei Tagen hat sie vier wagenradgroße Ungetüme der bereits aus der Mode gekommenen Pariser Creation verkauft. Den gewonnenen türkisblauen Regenschirm mit silbernem Griff präsentiert sie gelegentlich Besuchern noch in hohem Alter.

Eine weitere Anstellung findet sie bei Mey & Edlich, am Neumarkt 18, direkt gegenüber dem Gewandhaus, wo die Kunden im Vergleich zu denen bei Roßmäßler und Ahlemann nicht so exklusiv sind.

Die kleine Mey & Edlich-Verkäuferin schreibt weiter – und eines Tages wird sie sogar gedruckt. In welcher Zeitung oder Zeitschrift ist unbekannt, auch die Titel sind nicht zuverlässig überliefert. Einmal heißt es, Hedwig habe für eine Novelle mit dem Titel ›Sei nicht böse, Regina‹ ganze 42 Pfennig erhalten, da die Zeitung gerade in Konkurs gegangen sei (Avé, Pistorius). Der Titel dieser Geschichte könnte aber auch ›Wo die

tungsanzeigen. An ihre Verkäufer stellten Mey & Edlich besondere Anforderungen, die ebenfalls in der Reklame angepriesen wurden: »Die Beamten unserer Detail-Geschäfte [...] sind angewiesen, und machen es sich zu ihrer Aufgabe, Besuchern unserer Geschäftslocale, *auch wenn sie nicht zu kaufen beabsichtigen,* in der zuvorkom-

mendsten Weise alle gewünschten Waaren zur Ansicht und Prüfung vorzulegen. Nicht gefallende Waaren werden bereitwilligst zurückgenommen und umgetauscht.«

13   Anzeige der Firma ›Mey & Edlich‹ in den ›Leipziger Nachrichten‹
vom 24. Oktober 1886

Heide blüht‹ gelautet haben
(Riess). Über die Umstände
der nächsten Veröffentlichung
bieten die Biografen ebenfalls verschiedene Versionen
an: In ›Die Verlassene‹ habe
Courths-Mahler ihren frühen
Liebeskummer   verarbeitet,
schreibt Pistorius, darin habe
sie ihre trübe Vergangenheit
geschildert (Riess) und dafür
von einem Leipziger Verleger
zehn Mark Honorar erhalten
(Riess, Pistorius). Sie habe
diese Novelle in zehn langen
Nächten verfasst und hun-
dert Mark Honorar für den
Erstdruck erhalten (Avé). Ei-
nig ist man sich allerdings
hinsichtlich der Umstände,
unter denen diese Geschichte
zum   Druck   angenommen
worden ist: Der Redakteur saß wegen Majestätsbeleidigung
im Leipziger Gefängnis und habe sich dorthin einige Manuskripte, darunter das der jungen Hedwig Mahler, mitgenom-
men. Sie selbst gab 1938 im Fragebogen der Reichskulturkammer an, ›Die Verlassene‹, ihre erste Veröffentlichung, sei 1886
im ›Leipziger General-Anzeiger‹ erschienen – damals wäre

Im letzten Jahre hatte sich aber die alte Haushälterin erbarmt und schmug-
gelte für Ria einige unterhaltsame Bücher ins Haus. Das waren harmlose
Romane und Erzählungen, wie sie das schlichte Gemüt der alten Haushälterin entzückten. Ria las sie mit demselben Entzücken und war der alten
Frau sehr dankbar dafür. Diese Lektüre hob ihre junge Seele über den grau-
en Alltag hinweg und erfüllte sie mit phantasievollen Märchenträumen.
›Der Mut zum Glück‹

das immerhin kontrollierbar gewesen, die Angabe hat also einiges für sich. Heute ist der entsprechende Jahrgang dieser Zeitung verschollen und damit auch die frühe Courths-Mahler-Geschichte. Andere Selbstäußerungen geben Anlass zu der Vermutung, die diversen Schilderungen zu den »ersten Veröffentlichungen« könnten sich alle auf denselben Umstand beziehen. »Mit achtzehn Jahren verlobte ich mich in Leipzig. Kurz zuvor hatte ich heimlich, unter einem Pseudonym, mein erstes Epos in die Welt geschickt. Es wurde gedruckt; und als das Honorar dafür eintraf, wußte meine Mutter nicht, ob sie schelten oder sich freuen sollte. Aber sie zankte nun nicht mehr, wenn sie mich beim Schreiben ertappte.« An anderer Stelle erzählt die Autorin über ihre Anfänge: »In Leipzig hatte ich die größte Lust, zum Theater zu gehen. Aber man sagte mir, ich sei zu häßlich, und dann versuchte ich es mit dem Schreiben. Als ich siebzehn Jahre alt war, schickte ich zum erstenmal fünf oder sechs Skizzen von mir an eine Redaktion, sie wurden angenommen, und ich bekam dafür hundert Friedensmark. Das war damals unglaublich viel Geld für mich. Das ermunterte mich natürlich sehr und befestigte mein Selbstvertrauen.«

Damit ist, neben Lesen und Schreiben, ein dritter Bildungsfaktor angesprochen, der für das Leben der Autorin eine wichtige, vielleicht die wichtigste Bedeutung erhalten sollte: das Theater. »Als ich zwölf Jahre alt war, kam ich nach Leipzig. In der damaligen Glanzzeit des dortigen Theaters kam eine große Theaterschwärmerei über mich. Von dem Weihnachtsmärchen ›Die sieben Raben‹ bis zu den Wagner-Opern genoß ich alles, was mir geboten wurde, mit großer Inbrunst. Es war eine herrliche Zeit.« Theaterbegeisterung hatte die kleine Hedwig schon beim Weißenfelser Wanderzirkus und seinen Aufführungen gezeigt. Diese besondere Vorliebe hielt ein Leben

Ich sehne mich so sehr danach, eine Frau zu haben. Ich mag mich nicht verzetteln in allerhand Liebeleien und Leidenschaften, ich möchte mich, so wie ich bin, in eine glückliche Ehe einschiffen. Mich ekelt es an, wenn ich die jungen Leute in meinem Alter [er ist Mitte 20] von Liebe und Ehe so cynisch reden höre, ich mag mich nicht mit leichtfertigen Weibern befassen.

›Licht und Schatten‹ (1904)

> »Der klügste Mann läßt sich ahnungslos von einer Frau täuschen, die nicht
> halb so gescheit ist, als er selbst. Viele Frauen sind im Leben die geborenen
> Komödiantinnen und leiten den Mann mühelos dahin, wohin sie ihn haben
> wollen. Er glaubt dabei noch zu schieben – und er wird geschoben.«
>
> ›Es irrt der Mensch‹

lang. Ob Leipzig, Chemnitz oder Berlin, stets lebte Hedwig
Mahler mit und für das Theater, umgab sich mit Schauspielern
(beide Männer ihrer Töchter kamen von der Bühne), und bis in
die 20er und 30er Jahre hinein verpasste sie keine Berliner Premiere. Mindestens einmal in der Woche besuchte sie das Theater und beendete dafür sogar ihren Schreibarbeitstag, der gewöhnlich bis acht Uhr abends ging, einige Stunden früher. Sie
konnte ganze Textbücher und Klassikerrollen auswendig. Noch
im hohen Alter rezitierte sie diese schmunzelnd oder sang
Opernpartien »mit leicht brüchiger Stimme«, wie eine Tochter
sich erinnert. Nicht wenige Courths-Mahler-Buchtitel entstam-
men direkt diesem klassischen Repertoire oder sind als Para-
phrasierung bzw. Anlehnung an dieses Bühnenbildungsgut zu
verstehen. Ihre Töchter berichten, dass sich die Sonntagsfrüh-
stücke in ihrer Jugend gelegentlich bis zum Spätnachmittag hin-
zogen, weil die Familie so temperamentvoll über Kunst und
Weltgeschehen, vor allem wohl über das Theater debattierte.

14 Das Alte Rathaus am Markt in Leipzig. Aquarell, um 1890

»Ich schreibe ja auch!«

Im September 1884 bringt Henriette Mahler einen weiteren Sohn zur Welt, der drei Wochen später stirbt. Etwa um diese Zeit verlobt sich Hedwig. Sie ist siebzehneinhalb Jahre alt, der Auserwählte heißt Fritz, ist vier Jahre älter und damit bereits »großjährig«.

Kennen gelernt hatten sich die beiden jungen Leute – so die Familienüberlieferung –, weil Fritz, der in einem Büro vis-a-vis von Hedwigs Laden arbeitete, mit seinen blonden Haaren, Kneifer und modischer Jockeymütze mit aller Gewalt Hedwigs Aufmerk-

15 Die siebzehnjährige Hedwig Courths-Mahler als Braut. Fotografie

samkeit zu erregen versuchte. Er malte pfeildurchbohrte Herzen und schrieb schmachtende Briefe: damit machte er überwältigenden Eindruck auf die Siebzehnjährige, die solche Lebensäußerungen bis dahin nur aus ihrer Lektüre kannte. Auf der Schlussmatinee ihrer Gesangsvereinigung tritt Hedwig als Sängerin auf und betört Fritz mit ihren gesanglichen Leistungen, einer hellblauen Atlastaille, cremefarbenem Spit-

Julius Emil Friedrich Courths stammte aus Elberfeld, wo er am 11. Oktober 1863 geboren wurde. Er war das einzige Kind des Buchdruckermeisters Julius Heinrich Friedrich Courths (1826–1874) aus der erst vier Monate (11. Juni) vor der Geburt geschlossenen Ehe mit seiner zweiten Frau, der damals

achtzehnjährigen Kaufmannstochter Luise Henriette Anna Garnich (1845–1921). Seine erste Frau, Mathilda zur Mühlen, war 1862 verstorben. Auch Fritz' Großvater, Friedrich Hermann Courths (1800–1857), war Buchdrucker gewesen, seine Großmutter Anna Margarete (1790–1848) stammte aus einer Kauf-

16 Fritz Courths. Fotografie, 1886

zenrock und roter Rose im Schwanenhals-Ausschnitt. Er hat den Mut, um ihre Hand anzuhalten. Nachdem sie »ja« gesagt hat, kommt es immer wieder zu Eifersüchteleien. Hedwigs Mutter ist gegen diese Heirat: die beiden Brautleute seien viel zu jung, zudem sei kein Geld vorhanden. Ohne die Einwilligung der Mutter kann Hedwig aber nicht heiraten, solange sie nicht volljährig ist. Die Ablehnung der Verbindung durch die Brautmutter ist, neben der Mittellosigkeit, vermutlich der Hauptgrund für die lange, nahezu fünf Jahre währende Verlobungszeit. Hedwig bekniet ihre Mutter, die »unausgelebte Jugend zwischen Dienstbotengehalt und anrüchigen Männergestalten« (Avé) steht vor ihr auf. »Du darfst meinem Glück nicht entgegenstehen«, sagt sie. »Meine Kindheit und Jugend waren so ärmlich, daß du mir dieses Glück nicht verbieten kannst.« Doch alles Bitten bleibt vergeblich: Sie muss warten bis zur Volljährigkeit. Schließlich ist es so weit. Am zweiten Adventssonntag des Jahres 1888 wird das Aufgebot bestellt, und am 5. Januar 1889 heiratet das junge Paar in aller Stille in der Leipziger Thomaskirche – trotz der Einwände der Brautmutter. Erst bei der Heirat erfährt »Hedwig«, dass sie auch auf den Namen Elisabeth getauft ist.

Die Heirat ist für Hedwig die ersehnte Möglichkeit, sich aus den Widerwärtigkeiten des mütterlichen Milieus zu lösen und

mannsfamilie. Die elterliche Ehe von Fritz Courths – der Vater war mehr als doppelt so alt wie seine junge Braut – währte neun Jahre, dann starb der Vater sechsundfünfzigjährig. Fritz' Mutter heiratete einen Christoph Richter und lebte schließlich als verwitwete Haushälterin in Aachen. Fritz Courths hielt

sich seit Februar 1880 in Leipzig auf, wo er als Mal- und Dekorateurschüler tätig war. Welche Umstände den Sechzehnjährigen von der rheinischen Wupper nach Sachsen verschlagen hatten, ob es vielleicht der frühe Tod des Vaters war, ist unbekannt. Fritz wohnte zwischen 1880 und 1887 nacheinander in der Stern-

eine abstoßende, fremdbe-
stimmte Realität gegen mehr
Freiheit und Selbstverwirkli-
chung einzutauschen. Keinesfalls aufgeben will sie jedoch
Lesen und Schreiben. Dafür
ist sie sogar bereit, lange Jahre
ökonomischer Unsicherheit in
Kauf zu nehmen. Sie heiratet
Fritz Courths also nicht in
erster Linie der materiellen
Sicherheit wegen, sondern
um einen Gefährten ihrer eigenen Empfindsamkeit zu
finden.

Der jungen Frau muss die
eigene Mutter dem Bräuti-
gam gegenüber höchst pein-

17 Hedwig Courths-Mahler auf dem
Höhepunkt ihres Erfolgs. Fotografie

lich gewesen sein. Manche Spiegelung in den späteren Romanen deutet das zumindest an. In ›Die Testamentsklausel‹
(1915) heißt es über eine Stiefmutter, die ihre Tochter aus finanziellen Gründen in eine Ehe drängen will: »[Im kleinen
Salon] lag Frau Delius auf dem Diwan und jammerte über die
gräßliche Hitze. Unter dem Diwan lag ein kleiner Karton. Sie
hatte wieder Kognakpralinen genascht. Eva Marie kannte diese Leidenschaft ihrer Stiefmutter, wie sie auch wußte, daß
dieselbe eine heimliche Vorliebe für alkoholische Getränke
besaß. Und die eigentümlich schimmernden Augen dieser
Frau verrieten ihr, daß trotz mangelhafter Geldverhältnisse
wieder Wein und süße Liköre heimlich angeschafft worden
waren. Ein an Ekel streifender Widerwille trieb das junge
Mädchen wieder hinaus. Sie konnte jetzt in ihrem jungen

wartenstraße 44, Georgenstraße 15,
Reichsstraße 12 bzw. 18, Promena-
denstraße 14 und Alexanderstraße
10. In der Reichsstraße 12, dritte
Etage, war er 1884 Untermieter des
Tapezierers Johann Friedrich König,
vermutlich sein Arbeitgeber. 1886/
1887, also während der Verlobungszeit, ging er für ein halbes Jahr nach

Berlin, kehrte im März 1887 nach
Leipzig zurück und zog Ende September 1887 nach Halle.

Glück den Anblick noch weniger ertragen als sonst. Daß sie sich um jeden Preis von ihrer Stiefmutter trennen würde, stand fest bei ihr. Armin durfte einem Zusammenleben mit dieser Frau nicht ausgesetzt werden.« Und später: »Zwischen ihr und mir wird es keine Gemeinschaft mehr geben.«

Hedwig löst sich von der Mutter und geht nach Halle an der Saale. Zwar heißt es im vorgenannten Roman: »Glück ist

Einbildung« – ein Motto, das so oder ähnlich immer wieder in den frühen Werken der Autorin auftaucht –, aber Ernestine Mahler, genannt Hedwig, nun verheiratete Courths, ist fest entschlossen, ihr Glück wie schon zuvor in eigene Hände zu nehmen.

Die junge Familie Courths wohnte in Halle 1889/1890 in der Dryanderstraße 7 (1. Etage; heute Dryanderstraße 25), 1891/1892 in der Lindenstraße 26 (1. Etage; heute Philipp-Müller-Straße 51), und 1892/ 1893 in der Südstraße 5 (unverändert). Fritz arbeitet als Dekorationsmaler im Maler-

18 Hedwig Courths-Mahler mit ihren beiden Töchtern Frieda und Margarete. Fotografie, um 1895

geschäft Wilhelm Zander in der Niemeyerstraße 4 (später 23).

Fritz Courths verdient zu wenig, um die Familie ernähren zu können. Schon nach wenigen Monaten ist Hedwig zermürbt und unterernährt. Zwei Kinder werden dem Ehepaar Courths in Halle geboren: am 19. Oktober 1889, mittags um 12.15 Uhr, kommt im Hause Dryanderstraße 7 Margarethe

Wir kauften aus selbst gespartem und verdienten Geld eine sehr bescheidene Aussteuer, fast die Hälfte mußten wir abzahlen. Es wurde geschafft – zu Bildern an den Wänden reichte es nicht, wir hingen schöne Plakate auf und später malte mein Mann welche. Zwei Töchter wurden uns geschenkt und mein einziger Wunsch war, ihnen das Leben leicht und schön zu machen. Auch das ging – wie, weiß ich selber nicht mehr. Jedenfalls dachte ich immer daran, wie ich meinen Kindern ein schönes Leben schaffen könne.   *Die 71-jährige Hedwig Courths-Mahler*

Anna Elisabeth zur Welt; anderthalb Jahre später, am 24. April 1891, wird in der Lindenstraße 26 Hedwig Gertrud Frieda geboren, morgens um fünf Uhr. Zwanzig Jahre später schrieb die Autorin: »Über Kinderkrankheiten und Sorgen des Lebens vergingen mir alle Flüge ins Reich der Phantasie.« (1913) Nochmals 14 Jahre später: »Meine Passion waren immer nur meine Kinder, für die habe ich gearbeitet. Ich bin neunundneunzig Prozent Mutter, darf ich wohl sagen.« (1927) Doch ganz so problemlos, wie sich das im Nachhinein darstellte, hat sie sich wohl nicht in die eher dienende und zuarbeitende als selbst schaffende Rolle der Ehefrau und Mutter hineingefunden. In der Familie von Emil Mügge, dem Arbeitskollegen von Fritz, hat sich jedenfalls bis heute eine andere Erinnerung

Im Rausch der Gründerjahre war mit den »Dekorationsmalern« ein neuer Berufszweig entstanden, der den Innenschmuck nach Vorlagen und unter Anleitung ausführen musste. Die Anfertigung von Stuckimitationen, Holzmaserungen, Schmuckleisten und ähnlichen Spezialitäten war Aufgabe dieses neuen Teils der Malergilde. Im Winter hatte Fritz Courths, neben seiner praktischen Tätigkeit als ausgebildeter Dekorationsmaler, zusätzlich die Aufgabe, neue Kräfte für den entstandenen Spezialzweig heranzubilden. Dies geschah jeweils vom 1. November bis zum 31. März des nächsten Jahres. »Wilhelm Zander hatte in Courths und seinem Kollegen Emil Mügge hervorragende Kräfte für die Schulung des Nachwuchses«, heißt es in einer Darstellung. Die Zandersche Fachschule, zu der sich später die Mügge'sche Fachschule gesellte, waren die beiden ersten »Fachschulen für Dekorationsmalerei« in Deutschland. Ein anschauliches Bild dieser mühseligen Arbeit, bei der auch Hedwig mithelfen musste, gibt Margarete Elzer, die älteste Tochter von Hedwig Courths-Mahler: »Mutter half Schablonen schneiden, das wurde mit kurzem scharfem Messer in pergamentartiges Papier gemacht. Oder sie stach Pausen aus für die Dekorationsmaler. Das war damals ein großes Geschäft, denn Decken und Wände wurden zu der Zeit bemalt. Tapeten waren noch nicht so lange gebräuchlich. Der einfache Strich, der heute als Abschluß gilt, mußte damals eine ungefähr handbreite Kante sein, die mit Schablonen aufgetragen wurde. Die Pausen übertrugen die Konturen der Malereien auf die Wand. Sie waren aus starkem Seidenpapier. Den Zeichnungen folgte man mit einer Nadel in kurzen gleichmäßigen Abständen. Diese Pausen wurden auf die zu bemalenden Flächen gelegt, und mit einem Kohlebeutel stäubte man durch die Nadelstiche eine feine Spur der Zeichnung auf die Wand. Diese Pausen machte also Mutter, wenn sie keine andere Heimarbeit wie Schürzennähen oder die damals modischen Perlbändchen in Auftrag hatte. So mühsam, Pfennig um Pfennig arbeitete sich das junge Paar heran, um eine größere Wohnung nehmen zu können und Zimmer zu vermieten an Schüler meines Vaters, denen er dann auch privat noch Unterricht gab.«

erhalten. »Courths war ein zuverlässiger und talentierter Mitarbeiter. Oft kam er jedoch abgehetzt zur Arbeit und zum Unterricht und klagte über seine Häuslichkeit, in der er mithelfen mußte, die zwei Mädchen zu versorgen und den Haushalt zu betreuen. Seine Frau beschäftigte sich mit dem Lesen von Unterhaltungsromanen, am liebsten solchen, die aus dem Englischen übersetzt wurden. Außerdem begann sie selbst Romane zu schreiben, was er nicht ernst nahm.«

Fritz, der lebenslustige Rheinländer, möchte gerne auf großem Fuß leben, er kauft teure Sachen ein, die Hedwig am nächsten Tag wieder in die Geschäfte zurückbringen muss, um überhaupt das Nötigste besorgen zu können. Ein Untermieter verschwindet unter Mitnahme von Tisch- und Bettwäsche, die Raten für die Möbel können nicht bezahlt werden, weshalb immer wieder der Pfändungsbeamte in der Wohnung auftaucht. Eine Krankheit jagt die andere: Hedwig liegt wochenlang mit einer schweren Angina im Bett, Margarete schluckt versehentlich Morphium und wird, dem Tod nahe, ins Krankenhaus gebracht, Frieda hat fast zwei Jahre lang eine Gelbsucht. Fritz Courths geht in seiner Not einem Betrüger auf den Leim, der ihm eine Anstellung in Krakau »vermittelt«. Der Hausstand ist schon aufgelöst, als man vom Konsulat erfährt, dass es sich bei dem Agenten um einen Schwindler aus der Nähe von Zwickau handelt. Aber das letzte Geld ist als »Vermittlungsgebühr« draufgegangen. Also muss Hedwigs Mutter das Fahrgeld für die Bahn Halle-Leipzig schicken, und seit dem 20. Mai 1893, nach vier kargen Jahren in Halle, ist die Familie Courths wieder in Leipzig: zurück im mütterlichen Milieu.

Eine Schmach für Hedwig – und eine noch größere Schmach für Fritz, der sich mitten im wilhelminischen Deutschland, das ein heroisch-auftrumpfendes Männerbild kultiviert, nicht in der Lage sieht, ausreichend für die Seinen zu sorgen. Selbst vater-

19 Hedwig Courths-Mahler mit ▸
ihrem Mann und ihren Töchtern.
Fotografie, 1905

los, wie auch seine Frau, ist er als Vater und Ehemann ohne eigene Orientierung und Rollensicherheit. Die gesellschaftlichen Erwartungen kann er nicht erfüllen, und über eine individuelle Erfahrung, die als besänftigendes Korrektiv dienen könnte, verfügt er nicht. In dieser Konstellation sind Konflikte vorprogrammiert, zumal mit einer Ehefrau, die gleichfalls den herrschenden Normen insofern nicht entspricht, als sie ihre literarischen Ambitionen nicht abschütteln kann und will. Nun bietet sich die »Kunst« als eine Rettungsinsel an.

Von 1893 bis 1897 wohnen die Courths in Leipzig in der Grassistraße 38, vierter Stock, ganz in der Nähe des Gewandhauses. Seit dem 15. Juni 1893 lebt als Untermieter bei ihnen auch Oskar, der ältere der beiden Brüder Hedwigs. 1896 zieht Oskar ein paar Häuser weiter in die Grassistraße 45 (Parterre), nachdem er am 24. September 1894 Helene Louise Gebser geheiratet hatte, eine Lehrerstochter aus Leipzig-Lindenau.

Einen Monat später, am 22. Oktober 1894, stirbt in Weißenfels Gustav Birkner, Hedwigs geliebter Pflegevater. Anfangs sind auch in der Leipziger Grassistraße die Verhältnisse ärmlich. Mutter Henriette steckt ihrer Tochter manchmal etwas Geld zu. »Täglich preßt Hedwig ihr blasses Gesicht an die Fensterscheiben ihres einzigen Zimmers und wartet auf die Mutter, die ihr das übriggebliebene Essen und ein paar Briketts bringt.« Frieda und Grete gehen jetzt auf die Bürgerschu-

le für Mädchen, direkt hinter der städtischen Bildergalerie. Beide sind sehr schlechte Schülerinnen. Grete begreift den neuen Schulweg schnell, Frieda, die Jüngere, verläuft sich immer wieder. Das Ambiente dieser Wohngegend schildert ein früher Roman: »An der Promenade bog sie jedoch links ab und stand wenige Minuten später am Schwanenteich. Dort sah sie eine Weile den Schwänen zu und stieg dann wieder die kleine Anhöhe empor bis zur Goethestraße. So kam sie bis zum Augustusplatz mit dem Theater, dem Museum und dem Hauptpostgebäude. In dieses trat sie ein, kaufte Briefmarken und sah sich nach dem Schalter um, wo sie

20 Hedwig Courths-Mahler an ihrem Schreibtisch. Erst seit 1924 benutzte sie eine Schreibmaschine. Fotografie

etwaige Briefe für sich abholen könnte. Nun ging sie quer über den Platz bis zum Eingang der Grimmaischen Straße und setzte sich bei Felsche in die Kolonnaden, um den Straßenverkehr an sich vorbeiziehen zu lassen. Sie bestellte sich eine Erfrischung und gab sich Mühe, die mehr oder minder verstohlenen Seitenblicke der Herren zu ignorieren.« (›Die Gouvernante‹)

Auch in Leipzig hat Fritz Malschüler, seinen Beruf gibt er jetzt mit »Zeichner« an – gelegentlich malt er Schießscheiben

In einem ihrer ersten Romane hat Hedwig Courths-Mahler ihrer Schwiegermutter in Gestalt der Fabrikantenehefrau Emilie Voßneck ein gelungenes satirisches Denkmal gesetzt. »Frau Voßneck war eine sehr peinliche Hausfrau, und der Stolz ihres Lebens war ihr Wäscheschrank. Wenn man diese Frau mit einem Ideal in Verbindung hätte bringen können, so hätte dieses Ideal die Gestalt eines Wäscheschrankes angenommen. [...] Sehr zeitig trat sie früh, für den ganzen Tag blitzsauber gekleidet, aus dem Schlafzimmer, und kaum hatte sie das Frühstück eingenommen, dann ging es mit einer Wichtigkeit an die täglich wiederkehrenden häuslichen Geschäfte, als wenn das Wohl und Wehe ganz Europas davon abhängig

für Schützenvereine –, außerdem werden zwei der fünf Zimmer in der Wohnung vermietet. Hedwig muss ihrem Mann auch Modell stehen. Eines Tages, sie steht gerade im »klassischen Kostüm« – wie Margarete, die Augenzeugin der Szene, später die Nacktheit ihrer Mutter umschreibt – im Atelier, da bemerkt sie, dass »Friedeliebchen«, wie die jüngere Tochter genannt wird, dem jungen Kindermädchen entwichen und auf die Fensterbank geklettert ist. Im vierten Stock steht sie nun im offenen Fenster. Die Mutter stürzt lautlos herbei, reißt das Kind an sich und sinkt ohnmächtig zu Boden. Der Vater verhaut erst mal das Kind und tröstet dann seine Frau.

Nach weiteren vier Jahren hebt sich der Lebensstandard allmählich. Fritz wird 1897 in einer Textilfirma eingestellt, für die er Entwürfe zu Möbelstickereien liefert: Vorhänge, Sessel, Stühle. Hedwig ist mit der Frau des Chefs befreundet, die an Verfolgungswahn leidet und später in die psychiatrische Klinik eingewiesen wird. Angeblich lässt sie sich nur von Hedwig bei ihren Anfällen beruhigen.

Ein Problem der jungen Familie ist die Schwiegermutter. Fritz' Mutter war »tyrannisch und kalt« (Elzer), sie erpresste die junge Schwiegertochter mit der Aussicht auf ein kleines Erbe für die beiden Enkelinnen. Die Witwe Richter war Hausdame »in einem reichen, frauenlosen jüdischen Haus« in Aachen. Ein solcher Posten war zu Zeiten, als Handels- und Bankherren noch repräsentieren mussten, sehr gesucht und gut bezahlt. Ihr Brotgeber hatte der Schwiegermutter eine vererbliche Rente ausgesetzt, und diese Summe brachte sie immer wieder ins Spiel, um Hedwig »gründlich auszunutzen« – vor allem zu ihr verhassten Handarbeiten.

Als im Ersten Weltkrieg die Rente der Schwiegermutter zerfällt, springt Hedwig mit der gleichen Summe bei: es ist ihr

wäre. Ihr geistiger Horizont – wenn man bei dieser Frau von einem solchen sprechen konnte – war äußerst beschränkt. [...] In ihren Mußestunden liebte es die rastlose Frau, in dem großen hellen Wohnzimmer am Fenster zu sitzen und zu häkeln. [...] Stundenlang, mit fast blödsinniger Ausdauer, saßen sich die beiden Frauen da gegenüber, warfen zuweilen einen Blick auf die Straße, sprachen ab und zu ein paar Worte miteinander – und häkelten, häkelten unendlich lange Streifen und Spitzen und vergaßen zwischen Luftmaschen und Stäbchen und Stäbchen und Luftmaschen, daß das Leben auch noch zu etwas anderem gut sein könne.«

›Auf falschem Boden‹ (1906)

eine große innere Befriedigung, mit dem Gewinn aus literarischer Tätigkeit den Hochmut zum Schweigen zu bringen.

Im Jahr 1897 fand in Leipzig von April bis Oktober die Gewerbeausstellung statt. Zahlreiche Firmen stellten in großen Präsentationsgebäuden ihre Produkte vor, ganz Leipzig lebte nur auf der Ausstellung. Die Courths können sich die Eintrittskarten leisten, zum Konsum auf der Ausstellung reicht es aber nicht. Doch als Hedwig mitbekommt, dass es im Pavillon von Kathreiners eine Tasse Malzkaffee und ein Stück Eierschecke gratis gibt, geht sie mit den Töchtern täglich hin – dafür macht sie sich extra »fein«.

Die Kinder sehen Hedwig häufiger weinen. Dann wissen sie, »Es ist Böses geschehen«. Gleichzeitig sagt Frieda über ihre Mutter: »In jungen Jahren war sie sehr hart mit sich selbst.« Der Vater, »ein beachtlicher Choleriker«, steht den literarischen Versuchen seiner Frau, auch später noch, als sie längst die Familie damit ernährt, distanziert bis ratlos gegenüber. Er habe, schreibt die Tochter gewunden, »dieserhalben vielleicht selten den richtigen Ton für sie gefunden«. Selbst »kein Durchschnittsmensch«, sei es ihm »wohl noch viel schwerer [gefallen,] sich unterordnen zu müssen«. Der Vater bringt sie mit der Leipziger Künstlerwelt in Kontakt, immerhin werden einige seiner Schüler von Frau Courths beköstigt. Sonntag nachmittags pilgert die Familie ins Kunstmuseum, wo die frisch gestifteten Gemälde von Hans Makart besichtigt werden können, wuchtige, handlungsreiche Ölschinken, deren Stil der ganzen Epoche ihren Stempel aufdrückt. Das Bürgertum zieht sich Makartkleider an, richtet sich à la Makart ein, man hat Makartvorhänge und Sofaecken mit Makartbuketts.

Ihre Tochter erinnert sich: »Ein dunkelblaues Wollkleid, die Bluse eng mit Stäbchen gearbeitet am schlanken Oberkörper, mit Litzen, Knöpfen und Samtbändchen aufgarniert, die langen engen Ärmel am Handgelenk mit Rüschen versehen. Eine rührend bescheidene Schmucknadel am Kragen und eine uralte kurze Kette mit einer ebenso alten Uhr im Rockbund. Kette und Uhr könnte ich heute noch aufzeichnen, sie waren Mutters Heiligtum. Ihr braunes Haar trug sie in tausend kurzen Locken über der Stirn und es war ein Geheimnis, wie sie täglich diese tausend Löckchen zurecht brachte.« (Birkner) So sieht man Hedwig auf einigen Fotos der Leipziger Zeit. Darauf erkennt man auch einen herben, melancholischen Ausdruck in einem schmal gewordenen Gesicht, der Entbehrungen und Enttäuschungen der ersten zehn Ehejahre spiegelt. *Vgl. Abb. S. 44*

Reproduktionen seiner Gemälde hängen zu tausenden als populärer Wandschmuck in guten Stuben und Salons, natürlich auch bei Courthsens. Ihnen hat es besonders das Gemälde ›Catarina Cornaro‹ (1873) angetan, die allegorische Darstellung einer Venezianerin: vierfarbig hängt es, entnommen der Zeitschrift ›Moderne Kunst‹, mit viel Liebe vom Vater gerahmt an der Wand. Eines Abends wird es, zahlreiche Kunststudenten sind zu Besuch, im Treppenhaus als »lebendes Bild« nachgestellt: Hedwig verkörpert die Titelheldin des Bildes, als Zepter dient eine mit Goldpapier umwickelte Kohlenzange. Das Ganze geht nicht ohne Lärm ab, die anderen Mieter fühlen sich gestört, links und rechts in dem gutbürgerlichen Haus gehen die Türen auf.

Hedwigs Theaterbegeisterung findet nun richtige Nahrung. In Leipzig gab es vier Theater: die beiden privaten Theater, Carola- und Kristallpalast-Theater sowie das Alte und das Neue Stadttheater. Im letzteren kosteten die billigsten Plätze im dritten Rang je nach Vorstellung 25 bis 30 Pfennige, im Neuen Theater am Augustusplatz musste man für einen Stehplatz 50 Pfennige bezahlen. Im Kristallpalast spielt ein Kapitel des Courths-Mahler-Romans ›Die Gouvernante‹. In der Oper hat es Hedwig vor allem Wagner angetan, immer wieder wird

21 Das Leipziger Theater am Augustusplatz (Rückseite). Aquarell, um 1890

sie später in ihren Romanen dessen Opern erwähnen, seine Melodien bestimmen den Tagesablauf der Familie Courths: »Vater pfiff uns mit dem ›Siegfriedruf‹ vom Spielplatz heim. Das ›Wotanmotiv‹ hörten wir auf dem Hof, wenn Vater nachts von seinem Stammtisch heimkam […], ›O blase, lieber Südwind, blase‹ aus dem ›Fliegenden Holländer‹ erklang todtsicher, wenn es mal draußen stürmte, den ›Feuerzauber‹ pfiff Vater, wenn er die Briketts in die Öfen schob. Glückliche und frohe Nachrichten leitete Mutter mit dem Walkürenrufe: ›Hoijotoho …‹ ein und das Hirtenlied aus dem ›Tannhäuser‹ war Mutters Lieblingsstück auf dem Klavier.« (Birkner) Zum Geburtstag König Alberts von Sachsen inszeniert eine Gruppe Studenten ein Ständchen: auf mit Seidenpapier bespannten Kämmen wird der Pilgerchor aus dem ›Tannhäuser‹ geblasen, als einzige Frau beteiligt sich Hedwig an dem Spektakel. Als sie im Bericht der Lokalzeitung daraufhin als »Studentin« firmiert, hängt bei den Courths mal wieder der Haussegen schief. Jetzt ist öffentlich geworden, dass Fritz seine Frau nicht recht am Zügel hat.

Der dritte Ortswechsel innerhalb von knapp zehn Jahren steht bevor: Ende 1897 zieht die Familie nach Chemnitz. Hinsichtlich der Umstände gibt es in der Familie unterschiedliche Versionen, die aber im Kern auf dasselbe hinauslaufen: Der Chemnitzer Fabrikant habe Fritz' Entwürfe für die Leipziger Textilfirma gesehen und ihm daraufhin ein Abwerbeangebot gemacht: 6000 Mark Jahresgehalt und freie Wohnung in Chemnitz. Daraufhin habe sich Hedwig in Schale geschmissen, sei dem Fabrikanten aufs Büro gerückt und habe 10000 Mark und eine Stellung als »künstlerischer Direktor« verlangt. Beeindruckt von der stolzen und selbstbewussten Frau, habe Herr Cohrs sofort zugesagt – und damit seien endgültig die langen Jahre des Darbens vorüber gewesen. Bezeichnend

Die Firma Cohrs & Michaelis war seit 1893 in Chemnitz ansässig. Sie firmierte als »Fabrikations- und Handelsgeschäft für Möbel- und Vorhangstoffe« und befand sich zunächst in der Annaberger Straße 33 (1. Etage), später im Hintergebäude der Theaterstraße 14, dann kurze Zeit in der Beckerstraße 1 (3. Etage) und schließlich in der Beckerstraße 16. Eine Filiale bestand seit 1897 in der Neesestraße 5. Die Inhaber der Firma waren Wilhelm Georg Louis Cohrs und Wilhelm Emil Michaelis. Seit 1903 zeichneten Louis Cohrs »und ein Kommanditist« als Besitzer. 1905 zog die Firma in die Nähe von Berlin um.

ist jedenfalls, dass bereits am Beginn des Chemnitz-Kapitels Hedwig als die treibende Kraft in Erscheinung tritt. Im Frühjahr ist sie 30 Jahre geworden, ihre Töchter sind sechs und acht: nun will sie endlich ein Stück vom großen Kuchen.

In Chemnitz wohnen die Courths zunächst für kurze Zeit in einer feuchten und schmutzigen Übergangswohnung, wo Hedwig die Wanzen aus den Kinderbetten schütteln muss. Schließlich ziehen sie in die Beckerstraße 1 (3. Etage), eine Fünfzimmerwohnung, an deren Fenstern die Chemnitz vorbeifließt. Parkettfußböden! Nachts schliddern die Eheleute in Hausschuhen ehrfürchtig durch die »kalte Pracht« ihres neuen Salons. Im Jahr 1901 ziehen sie in die Weststraße 29 (ebenfalls 3. Etage) um. Fritz' Berufsbezeichnung wandelt sich mal wieder: das Adressbuch für 1898 nennt ihn »Fabrikdirektor«, ein Irrtum, denn Familie Courths ist in die Wohnung des Chefs eingezogen. Seit 1899 ist seine Berufsangabe »Procurist«

22 Der Marktplatz von Chemnitz mit Bismarck-, Kaiser Wilhelm I.- und Moltke-Denkmal. Farbdruck nach kolorierter Fotografie, um 1912

– vermutlich ebenfalls nicht ganz zutreffend, aber es charakterisiert doch die deutlich gehobene Stellung, die er nun bekleidet. Auch für die Folgejahre wird er als Prokurist geführt. Hedwigs Bruder Oskar, der schon in der Grassistraße bei ihnen gewohnt hatte, kommt mit seiner Braut Helene ebenfalls nach Chemnitz, wo er eine Stelle als Buchhalter findet. Im Oktober 1901 wird ihnen ein Sohn geboren, Hedwigs Neffe Erich.

Mit dem Lebensstandard der Courths geht es rapide aufwärts. Nach der Volksschule, wo unter ihren Mitschülern der zehnjährige Richard Tauber ist, dessen Vater in Chemnitz als Theaterintendant wirkt, besuchen Grete und Frieda die »Höhere Töchterschule« – sie spielen Tennis und führen eine modische Garderobe spazieren. Dafür müssen sich die Kinder der sozialen Aufsteigerfamilie Courths vom Volk als »Tennisaffen« verhöhnen lassen. Auf der Pariser Weltausstellung wird die Firma Cohrs & Michaelis mit einer goldenen Medaille ausgezeichnet, Fritz persönlich erhält eine silberne. Das Diplom hängt gerahmt im Salon der Courths und öffnet ihnen die Türen zur Gesellschaft. Die Damen laden Hedwig zu ihrem »Donnerstags-Jour« ein, Fritz wird in die Unterhaltungsrunde »Schlaraffia« aufgenommen.

Sie gehen nun viel und gern ins Chemnitzer Theater, wo immer wieder Gastspiele bekannter Künstler ihrer Zeit stattfinden. Hedwig bewundert die Tänzerin Saharet und sie sieht die berühmte Sarah Berhardt in der ›Kameliendame‹.

Vor lauter Rührung muss sie weinen, so dass Fritz sich geniert, nach der Vorstellung mit ihr noch ein Glas Wein trinken zu gehen. Einige Jahre später, als die Künstlerin schon ein Bein verloren hatte, sieht Hedwig die Bernhardt noch einmal in ›Hamlet‹. Um die große Yvette Guilbert sehen zu können, die seit 1890 der Star der Pariser Varietés ist, bewirbt Hedwig sich um eine Aushilfsstelle als Garderobiere, da sie

Noch 25 Jahre später erinnert Hedwig sich an Sarah Bernhardt:
»Ich war entzückt von ihrer kunstvollen Art, gewissermaßen lebende Bilder zu stellen. Wie sie, einen Strauß Blumen im Arm, diese Blumen in einer Vase ordnete, oder wie sie sich in einen Sessel schmiegte oder auf einen Divan kniete – das alles waren wundervolle Gesten.«

sich die Eintrittskarte nicht leisten kann. Schulden aus der Leipziger Zeit und neu angeschaffte Möbel müssen abgezahlt werden. Auch nach dieser Vorstellung laufen ihr Tränen über die Wangen und sie kann vor Aufgewühltheit kaum sehen. »Mutter hatte immer, wenn sie einer Freude entgegen ging, schöne glänzende Augen und zart gerötete Ohren, was ihr sonst etwas hartes Gesicht milderte und ihm eine eigenartige Schönheit gab.« (Birkner) In Chemnitz hört sie auch den tschechischen Geiger Kubelík und sie erlebt den Schauspieler Matkowsky vom königlichen Schauspielhaus Berlin in ›Medea‹ und der ›Ahnfrau‹ – der ist allerdings betrunken. Besonders großen Eindruck auf Hedwig macht in ›Giaconda‹ Eleonora Duse, mit ihrem gefühlsintensiven Spiel eine der bedeutendsten Charakterdarstellerinnen ihrer Zeit. In dem Stück, das D'Annunzio eigens für seine Freundin geschrieben hatte, spielen die Hände der Schauspielerin eine bedeutende Rolle. Seitdem hat auch Hedwig eine Vorliebe für schöne Hände. Fast in jedem ihrer Romane werden sie geschildert. In ›Auf falschem Boden‹ beispielsweise, dessen Schauplatz ein kaum verhülltes Chemnitz ist, modelliert

23   Eleonora Duse (1858–1924) als Cleopatra. Fotografie

der Bildhauer Sven Andersen die Hände von Hella Rasmussen. Hedwig beginnt die Hände ihrer Umgebung zu studieren, »und im Lauf der Jahre wurden Mutters Kenntnisse von schönen und häßlichen Händen so sicher, daß sie Menschen ihrer Umgebung zuerst nach den Händen einschätzte – und sich eigentlich niemals getäuscht hat.« (Birkner) In ihrem Nähtisch hat sie eine Art Geheimfach, in dem sie persönlichste Gegenstände aufbewahrt: eine Reclam-Ausgabe von ›Faust‹, erster Teil, ein Gedichtband von Geibel, Postkartenreproduktionen von Rubens- und van-Dyck-Bildern – und Fotos von schönen Händen. Eines der letzten Fotos von ihr zeigt denn auch die Hände der greisen Autorin.

Ein Schauspieler des Chemnitzer Theaters, Franz Kirchner, vermittelte Hedwig die wichtigste Bekanntschaft dieser Jahre, indem er sie mit Paul Hermann Hartwig bekannt machte, dem Kulturredakteur und Feuilletonchef des ›Chemnitzer Tageblatts‹. Den Ablauf dieser folgenreichen Begegnung hat sie später immer wieder geschildert. Eine Kurzfassung erzählte sie kurz vor ihrem Tod einer bayerischen Zeitung: »In Chemnitz gehörten wir zur ersten Gesellschaft, unser Bekanntenkreis war sehr ausgedehnt. Zu unseren Freunden gehörten viele Künstler aller Sparten, darunter auch der Redakteur des ›Chemnitzer Tageblatts‹, Paul Hermann Hartwig, ein intimer Freund der Hermine Körner, ein kluger Mensch, aber mit unerträglicher Spottlust. Gelegentlich einer Gesellschaft war er mein Tischnachbar und überfiel mich mit seiner Spottlust geradezu. – ›Schöne Frau!‹ (Das mir!) ›Wissen Sie, daß Sie Dichteraugen haben?‹ Der Spott reizte mich, ich wurde rot und trotzig und stieß hervor: ›Ich schreibe ja auch!‹ ›Der Tausend? Das muß ich zu lesen bekommen!‹ Natürlich sträubte ich mich, diesem Spötter meine geliebte Arbeit auszuliefern, aber er ließ mir keine Ruhe und ich sagte zu. Am anderen Tag

»Ihre Frau Mutter – wissen Sie, daß diese meine erste Liebe war? [...] Wundervolle weiße Hände hatte Ihre Mutter [...] , mit rosigen Fingerspitzen.«
›Das Recht auf Glück‹ (1907)

brachte ich ihm meine Arbeit ›Licht und Schatten‹. Am nächsten Tag rief man mich ans Telefon. Mein Herr Spötter war am Apparat: ›Kleine Frau, Sie haben mir eine schlaflose Nacht bereitet. So etwas von Fehlern in einem Manuskript habe ich noch nicht erlebt. Und zweiseitig geschrieben! Sind Sie von allen Göttern verlassen? Aber Spannung und Herz! Wir bringen den Erstdruck! Schrumm!‹ Schon wollte ich beglückt abhängen, da rief er nochmals zurück: ›Halt! Wir brauchen einen schwungvollen Namen. Denn ich habe das Gefühl, eben einen Stern geboren zu haben. Aber auch einen Namen muß das Kind haben!‹ Darauf ich, schnippisch: ›Meine Arbeit soll unter meinem Namen erscheinen!‹ ›Prachtvoll! Stolz lieb ich den Spanier! Was sind Sie für eine Geborene?‹ ›Mahler!‹ ›Na also, das klingt gut! Hedwig Courths-Mahler!‹ Und das, meine lieben Leser, war meine Taufe.«

Ungefähr so mag es sich tatsächlich abgespielt haben. Aber ihr erster Roman erschien keineswegs bereits unter dem wenig später so berühmten Doppelnamen. Vielmehr stand über jeder der 18 Folgen von ›Licht und Schatten‹, die zwischen dem 26. Februar und dem 18. März 1904 im ›Chemnitzer Tageblatt‹ publiziert wurden, der Name »Hedwig Mahler«. Damit

24 ›Chemnitzer Tageblatt‹ mit der ersten Folge des Romans ›Licht und Schatten‹ (Ausschnitt)

war in der kleinbürgerlichen Chemnitzer Gesellschaft das Inkognito der Autorin zunächst gewahrt. Denn dort kannte man sie unter dem Nachnamen ihres Ehemanns, und das angenommene »Hedwig« war vielleicht nicht allgemein bekannt. Jedenfalls bahnte sich eine erneute Metamorphose an. Aus Ernestine Mahler, die sich Hedwig nannte, verheiratete Courths, wurde Hedwig Mahler und kurz darauf Hedwig Courths-Mahler. Rhythmus und Klang des Namens waren wichtig, das hatte der erfahrene Redakteur sofort gesehen. Sie musste zu ihrer Zeit immerhin konkurrieren mit klangvollen Autorennamen wie Eufemia von Adlersfeld-Ballestrem und Nataly von Eschstruth. Der neue Name markierte zudem den denkbar weitesten Abstand zum Herkunftsmilieu und ihrer Mutter. Henriette Brand war am 9. Mai 1900 in Leipzig verstorben, 57 Jahre alt. Der Weg für ihre Tochter war frei. Als Erinnerung an die Mutter trug Hedwig gelegentlich ein Medaillon aus deren Besitz.

Als Honorar für ›Licht und Schatten‹ erhält sie 250 Mark – immerhin so viel wie ein Wochenlohn ihres Gatten. Doch die neue Mitarbeiterin ist im ›Chemnitzer Tageblatt‹ nicht unumstritten. Man zögert, einen weiteren Roman anzunehmen. Da greift die Konkurrenz zu: Die ›Chemnitzer Allgemeine‹ bietet ein höheres Honorar, 400 bis 500 Mark, heißt es. Zudem hat die ›Chemnitzer Allgemeine‹ mit 50 000 bis 60 000 eine deutlich höhere Auflage als das ›Tageblatt‹ mit seinen 15 000 Lesern. In der Folge erscheinen also zwei oder drei weitere Chemnitzer Romane in der ›Allgemeinen‹. Welche und wann genau, ist unsicher, da entsprechende Jahrgänge der Zeitung nicht mehr auffindbar sind. Angeblich handelte es sich um ›Auf falschem Boden‹, ›Welcher unter euch?‹ und ›Aus erster Ehe‹ (Riess), eine andere (unwahrscheinlichere) Quelle spricht von ›Die wilde Ursula‹, ›Hexengold‹ und ›Käthes Ehe‹ (Avé).

In dem deutlich autobiografischen Roman ›Unser Weg ging hinauf‹ (1909) heißt es von der Heldin: »Viel lieber saß sie zu Hause in ihrem kleinen Stübchen und erfand zu ihrem eigenen Vergnügen die herrlichsten Geschichten, die sie auch niederschrieb, in alte Schulhefte, auf jedes Stück Papier, was ihr zwischen die Finger kam. Schließlich kaufte sie sich sogar ganze Stöße billigen Konzeptpapiers, um dieser heimlichen Leidenschaft zu frönen. [...] Gitta empfand eine Scheu, über ihre Lieblingsbeschäftigung zu sprechen. Ihre innerlichsten Gedanken und Gefühle beka-

Nun ist sie tatsächlich auf dem Weg, eine Schriftstellerin zu werden. Ihre ersten Bücher erscheinen zwar erst kurze Zeit später, aber immerhin schreibt sie Zeitungsromane. Es ist sogar möglich, dass schon in Chemnitz Kontakte zu Verlegern bestanden. Jedenfalls erschien ihr Roman ›Lena Warnstetten‹, für den die maßgebliche Bibliographie erst 1916 eine Buchausgabe verzeichnet, zuvor schon im Chemnitzer Verlag Martin. Als Paul Hermann Hartwig sie ansprach, mag sie tatsächlich einige Manuskripte in der Schublade gehabt haben. Keinesfalls jedoch solche aus der Zeit vor 1900, denn alle Romane, die in der ersten Zeit publiziert werden, spielen im Chemnitzer Milieu. Sie spiegeln vor allem auch die ehelichen und finanziellen Schwierigkeiten zu dieser Zeit. Ein im Nachlass befindliches Album mit den frühesten erhaltenen Texten der Autorin (1896 bis 1901) ist ein nur allzu deutlicher Spiegel dieser Schwierigkeiten, deren Ursache im Kern wohl in weiblichen bzw. männlichen Rollenkonflikten zu suchen ist. Genau dies ist auch das unterschwellige Thema der frühen Romane. ›Licht und Schatten‹ (1904) und ›Auf falschem Boden‹ (1906) beispielsweise sind merklich als Gegenstücke konzipiert: hier ein Mann zwischen zwei Frauen, dort eine Frau zwischen zwei Männern; hier ein guter patriarchalischer Fabrikherr, dort ein tyrannischer; hier ein gedeihliches Zusammenleben der Generationen und Verwandten, dort ein zerstörerisches; hier Handarbeiten in Heimarbeit als notwendiger Broterwerb, dort als dumpfes, mechanisches Ausfüllen einer sonst sinnentleerten Existenz; hier eine schöne Frau, die berechnend mit den Männern spielt, dort ein hübscher Mann, der die Frauen zu seinem Vergnügen benutzt. Umso bezeichnender sind die Gemeinsamkeiten beider Romane, die geradezu einen Wesenskern Courths-Mahlerschen Erzählens ausmachen: Courths-Mahlers frühe Romane handeln alle von einer falsch geschlos-

men Gestalt in diesen Aufzeichnungen. Nie hätte sie geglaubt, daß das, was sie niederschrieb, für jemand Interesse haben konnte. Immer größer und umfangreicher, immer gedankenvoller und komplizierter wurden diese Arbeiten. Ganze Romane entstanden. Aber wenn sie fertig waren, wenn sie das Schicksal ihrer Helden und Heldinnen zu Ende geführt hatte, dann verschwand das, der Sparsamkeit halber, sehr eng und zierlich beschriebene Manuskript in einem kleinen alten Lederkoffer, den sie in ihrem Kleiderschrank untergebracht hatte.«

senen Ehe, gegenseitiger Untreue, vom schwierigen Zusammenhang von Liebe und Pflicht und damit von der Funktion der Erotik im Zusammenspiel der Geschlechter. Bei den genannten Romanen ist besonders deutlich, dass man der Autorin nicht gerecht wird, wenn man sie auf ihre schlichte, repetitive Struktur reduziert oder auf das notorische Happy End. Die Konfliktträchtigkeit des gesamten Textes besitzt ein Eigengewicht, dem jede Einschätzung Rechnung tragen muss. Wer allein die einfache Erzählstruktur der Texte sieht, vernachlässigt deren subkutanen Gehalt, nämlich die Irrungen und Wirrungen im Lebens- und Gefühlsverlauf der Protagonisten. Dennoch sind die Romane montiert und insgesamt häufig psychologisch schief. Aber die einzelnen Versatzstücke, aus denen das Gesamtgebilde zusammengesteckt ist, funktionieren durchaus folgerichtig und erwecken eine immer wieder staunenswerte Spannung. Dass die Romane »gut« ausgehen, darf der Leser voraussetzen, hier herrscht stilles Einvernehmen zwischen der Autorin und den Erwartungen ihres Publikums. Diese Harmonie bezieht sich jedoch tatsächlich im Wesentlichen auf den jeweiligen Schluss der Erzählung, auf die Personenkonstellation und jene Hand voll an Grundmotiven, die in endloser Kombinierbarkeit immer wieder neu zueinander ins Verhältnis gesetzt werden. Dazwischen aber rotiert das Chaos der Gefühle.

Vergessen

Eine Blume blühte am Wegessaume
Da jagte der Sturmwind in toller Laune
Und wild und frei
Vorbei.

Er hat die Blume ans Herz gedrückt
Mit spielenden Händen dann abgepflückt
Sie hat an seinen Küssen
Sterben müssen.

Der Sturmwind aber, der böse Wicht
Er achtet ihre Schmerzen nicht
Hat längst sie unterdessen
Vergessen.
                    Um 1901 (Nachlass, Berlin)

»Unfaßbar für mich selbst«

»Eine Frau, die schreibt, ist keine Hausfrau mehr.«
Fritz Courths

Die Firma Cohrs & Michaelis wurde 1905 nach Berlin verlegt, wo sie ein Fabrikhaus im Vorort Strahlau-Rummelsburg erwarb. Dort ließen sich auch die beiden Chefs nieder. Die Familie Courths zog mit und mietete Anfang 1905 eine »gräßliche, ungemütliche, weit abgelegene Wohnung, in der wir uns nie wohlfühlten« (Birkner) im Südosten Berlins, im Vorort Spindlersfeld in der Nähe von Köpenick, der mit seinen Färbereien die Luft verpestete. Die Wohnung lag in einem Neubauviertel. Hier hielten die Courths es nur etwa ein Jahr aus: im Verlauf des Jahres 1906 fanden sie eine Wohnung in Karlshorst, ebenfalls außerhalb von Berlin, in einer hochherrschaftlichen Wohngegend. Die Wohnung lag in der Dönhoffstraße 11, 2. Etage, an der Ecke zur Karl-Egon-Straße. Hier lebten die Courths von 1906 bis 1915. Noch bevor er die Firma Cohrs & Michaelis (die noch bis 1927 bestand) etwa um 1910 verließ, hatte Fritz Courths sich schon mit einem eigenen Atelier für kunstgewerbliche Ausstattungen (Berlin O, Schicklerstraße 7) selbstständig gemacht, das anfangs auch recht gut lief.

In Chemnitz hatte die Familie reichlich gesellschaftlichen Anschluss gehabt, und Hedwig machte bereits als Autorin etwas her. In Köpenick und Karlshorst fehlten diese Kontakte, und Berlin

25 ›Die Künstlerin in ihrem Heim‹. Karlshorst, 2. Februar 1908. Zeichnung von Fritz Courths

26 Karlshorst, Dönhoffstraße 11. Fotografie

war weit. Damit die Kinder nicht verkümmerten, fuhr man sonntags in den Zoo oder zu Konzerten in den Kaisersaal. Und wenn Hedwig mal wieder einen Roman verkauft hatte, gab es Kuchen bei Kempinski oder in der »Traube«. Und das geschah jetzt regelmäßig, denn Hedwig hatte einen Vertrag.

Zwei Personen sind für die Anfänge Hedwig Courths-Mahlers als Schriftstellerin von besonderer Bedeutung: der bereits erwähnte Paul Hermann Hartwig und der Literaturagent Richard Taendler. Beide waren wichtige Förderer ihrer literarischen Frühphase, als die Autorin sich mit rasanter Geschwindigkeit professionalisierte. In der Familienüberlieferung spielt der erstgenannte den Engel, der zweite den Bösewicht: Damit war auch für die persönliche Geschichte ein manichäisches Grundmuster gefunden, wie es den literarischen Courths-Mah-

Richard Taendler (1868–1909), der aus Posen stammte, hatte am 1. April 1894 in Berlin eine Verlagsbuchhandlung gegründet und betreute zugleich das »Litterarische Bureau« des Deutschen Schriftstellerverbandes, das er bald als selbstständiges Unternehmen weiterführte. Literaturagenturen hatten in den 80er und 90er Jahren des 19. Jahrhunderts Konjunktur, und Richard Taendler war einer der erfolgreichsten Unternehmer auf diesem Gebiet. Zum Vertrieb seiner Romane hatte er zwei Korrespondenzen gegründet, den ›Universal-Redakteur‹ und die ›Feuilleton-Korrespondenz‹, mit deren Hilfe er die von ihm angekauften Zeitungsromane vertrieb. Er warb in

ler-Erzählungen zu Grunde liegt. Hartwig gilt in dieser Geschichte als der Selbstlose, Taendler als der skrupellose Ausbeuter. Beide nahmen ein tragisches Ende. Hartwig verließ Chemnitz, arbeitete in Dresden als Redakteur des ›Salonblattes‹ und Schriftsteller (eine Reihe seiner Theaterstücke wurde im dortigen Theater aufgeführt) und verliebte sich in ein Mitglied des Stadttheaters – einen Sänger. Das Paar soll (nach 1927) Selbstmord begangen haben. Für Hedwig Courths-Mahler, die Hartwig als »eleganten Lebemann, Typ Ludwig II.« schilderte, blieb dies nicht das einzige homosexuelle Debakel in ihrem engsten Umfeld.

Richard Taendler, der zweite Courths-Mahler-Förderer, ertrank mit knapp 41 Jahren bei einer Segeltour vor Helgoland. Er war ein »Teufel von Agent«, so die Schriftstellerin später, der sie für einen geringfügigen Betrag als »Schreibsklavin« ausnutzte.

Als Hedwig Courths-Mahler es mit ihm zu tun bekam, war Taendler längst eine Schlüsselfigur im deutschen Literaturbetrieb der Jahrhundertwende. Ihr Vertrag mit ihm war durchaus typisch für eine literarische Anfängerin.

Hedwig meldete sich auf eine Anzeige bei Taendlers »Litterarischem Bureau« und machte mit ihm einen Vertrag über drei Romane pro Jahr, für jeden Roman sollte sie 200 Mark erhalten. »Sämtliche Rechte« gingen an ihn. Damit hatte er ein großartiges Geschäft gemacht. Denn einerseits konnte er die Romane nun in seinem eigenen Buchverlag drucken, was offenbar nur einmal vorkam (›Der stille See‹, 1913),

Richard Taendler
Litter. Bureau — Verlag

Bezugsquelle für
Feuilleton-Material jeder Art

Berlin W. 50, Kurfürstendamm 236.

27 Anzeige in der ›Feder‹ (10. Jg., 1907, Nr. 183, 1. Februar)

Inseraten mit Autoren wie Ewald August König, Paul Oskar Höcker, Adolph Streckfuss, Nataly von Eschstruth oder Hans Wachenhusen, die er unter Vertrag hatte. In einem Nachruf auf ihn hieß es: »Sein Litterarisches Bureau versorgte einige hundert Zeitungen jahraus, jahrein mit Erzählungen, Novellen und Roma-

nen.« Taendler war in seiner Branche ein anerkannter und hoch geschätzter Mann. Er galt als geschäftlich erfolgreich und persönlich gewissenhaft: »Sein liebenswürdiges Wesen, seine Selbstbeherrschung, sein friedlicher Charakter, […] seine Milde und Güte errangen ihm gewiß nicht weniger Freunde als seine Tüchtigkeit.«

vor allem aber konnte er sie als Fortsetzungsromane an Zeitungen und Zeitschriften verkaufen, was ihm ein Vielfaches des an die Autorin ausgezahlten Betrages einbrachte. Das übliche Zeitungshonorar für den Erstabdruck – und nur für diesen – eines unbekannten Autors betrug 500 bis 800 Mark. Taendler hatte die Unwissenheit der Autorin also ausgenutzt und diese eklatant übervorteilt.

Wie viele Texte die Autorin unter solchen Bedingungen geschrieben hat, lässt sich schwer feststellen. Sie selbst sprach davon, sie habe drei Jahre für Taendler gearbeitet, also von 1906 bis 1909. In dieser Zeit hat sie mindestens neun, vermutlich aber weit mehr Romane verfasst. In Buchform waren zu dieser Zeit erst vier erschienen. Nach dem Tod Taendlers am 14. September 1909 kaufte sie dessen Witwe, die das »Litterarische Bureau« noch bis mindestens 1917 weiterführte, sämtliche Rechte an ihren Romanen wieder ab. Da sie es nicht auf einen langwierigen Prozess ankommen lassen wollte, zahlte sie kurzerhand den geforderten Betrag: angeblich das Zehnfache ihres ursprünglichen Honorars, also 2 000 Mark für jeden der mindestens 9, eher 15 Romane. Dass allerdings die Autorin zu diesem Zeitpunkt 18 000 bis 30 000 Mark für den Rückkauf zur Verfügung hatte, obgleich sie erst seit fünf Jahren überhaupt auf dem literarischen Markt vertreten war, ist erstaunlich und spricht für ihren durchschlagenden Erfolg.

Bis zum Jahr 1912 waren insgesamt 16 Romane von ihr in Buchform erschienen, sie soll zu diesem Zeitpunkt aber bereits »an die 35« verfasst haben (Riess), was einem Durchschnitt von etwa fünf Romanen pro Jahr entspricht. Dass Zeitungsromane ausschließlich im Feuilleton erschienen, war durchaus üblich. Hans Dominik beispielsweise, der später

---

Ein Kenner schrieb: »Man muß immer mit dem Falle rechnen, daß ein junger Autor, um überhaupt zunächst den Weg in die Öffentlichkeit zu finden, einem Verleger oder einer Agentur sein Werk für eine geringfügige Entschädigung überläßt, die aber später dem Ansehen und dem Erfolge des Autors nicht entspricht. Ist der Autor dann einerseits für seine ganze Lebenszeit oder auch noch für die Schutzdauer nach seinem Ableben an den Verlag gebunden, ohne für sich oder seine Erben eine ausreichende Entschädigung erlangen zu können, so ist solch ein Vertrag unbedingt unmoralisch; er wird dann auch gelöst werden können, sobald ein so krasses Mißverhältnis zutage tritt.« *Max Hirschfeld*

mit utopischen Romanen berühmt wurde, verfasste in den Jahren 1904 und 1905 für den Carl-Duncker-Verlag bzw. -Vertrieb ein halbes Dutzend gegenwartsbezogene Zeitungsromane, die nie als Buch erschienen. Courths-Mahlers Erfolgskurve lässt sich dennoch auch an ihren Buchveröffentlichungen dieser Jahre ablesen: 1905 erscheint ein Buch, 1907 zwei, 1909 eins, 1910 sind es bereits vier, 1911 drei, 1912 fünf, 1913 drei, 1914 vier und 1915 sogar acht. In zehn Jahren hat sie 31 Bücher veröffentlicht. Zeitschriftenabdrucke sind allerdings die zuverlässigeren Zeugnisse bei der Frage, was die Autorin wann geschrieben hat. Da keinerlei Romanmanuskripte aus dieser Zeit erhalten sind, müssen die Vorabdrucke als die den Originalhandschriften verhältnismäßig am nächsten stehenden Texte gelten. Angesichts des generell korrumpierten Textzustandes vieler Courths-Mahler-Buchausgaben, vor allem nach

28 Hedwig und der Filmkomponist G. Becce bei einer Feier in der Knesebeckstraße. Fotografie

1945, handelt es sich bei diesem Thema nicht nur um eine akademische Frage. Biografische Spiegelungen etwa, auf deren Berücksichtigung eine Lebensbeschreibung dieser Autorin nicht verzichten kann, sind mit annähernder Verlässlichkeit nur auf der Grundlage authentischer Texte zu erlangen.

Die frühesten nachgewiesenen Zeitschriftenabdrucke von Courths-Mahler-Romanen finden sich in ›Das Buch für Alle‹ (Stuttgart) und ›Freya‹ (Dresden). Beide Zeitschriften wurden ausschließlich auf dem Weg der Kolportage vertrieben, d. h. sie wurden abonniert (»subskribiert«) und dann von Boten regelmäßig ins Haus gebracht. Das ›Buch für Alle‹ war eine seit langem eingeführte Zeitschrift, die der Verleger Hermann Schönlein ins Leben gerufen hatte. In den 80er und 90er Jahren war sie vor allem ein Forum für Abenteuer- und Kriminalautoren gewesen, nach der Jahrhundertwende veröffentlichten darin vor allem Verfasser bzw. Verfasserinnen von Frauenromanen wie Erich Ebenstein und Auguste Groner. Im Jahre 1906 veröffentlichte das ›Buch für Alle‹ Hedwig Courths-Mahlers ›Auf

Die Umstände ihrer ersten Zeitschriftenveröffentlichung hat Hedwig Courths-Mahler später immer wieder in Interviews geschildert: »Diesen Roman [ihren ersten] habe sie […] an eine Stuttgarter Verlagsfirma geschickt, halb mit Hoffnung bewaffnet. Drei Wochen später kam das Paket an den Absender zurück. Sie legte es als nicht angenommen in den Schreibtisch. ›Wieder um eine Enttäuschung reicher‹, dachte sie. Nach einigen Tagen öffnete sie das zurückgesandte Paket, da sie gerade ein Stück Schnur brauchte, und sah den Brief, in dem sie selbstverständlich die Absage vermutete. Kaum traute sie ihren Augen: Der Roman war angenommen und zwar zu den üblichen Bedingungen. Man hätte ihn ihr umgehend nur zurückgeschickt, weil an einer Stelle eine illegitime Frau vorkam und diese sollte – durch eine legitime ersetzt werden. Sie sandte das Paket mit der Verbesserung zurück und die ersten 2500 Mark liefen ein. Vier Wochen später folgten noch 1500 Mark, den Erlös für den Zweitdruck.« Mit der Stuttgarter Firma ist wohl die Union Deutsche Verlagsgesellschaft gemeint, bei der ›Das Buch für Alle‹ erschien. Auch die Höhe des Honorars spricht dafür. Es kursieren allerdings andere Versionen der Geschichte, danach wurde das Honorar für ›Scheinehe‹ bezahlt – immer aber ist vom »ersten Roman« die Rede. Fritz Courths jedoch wollte der Autorin das Schreiben verbieten: »Er hatte freilich ein gewisses Recht dazu, denn er war ihr Gatte«, kommentiert der Interviewer. Aber der gestrenge Herr Courths findet das Honorar aus Stuttgart, fein säuberlich in Hundertmarkscheine zerlegt, unterm Köpenicker Weihnachtsbaum – und ist endlich vom Talent seiner Gattin überzeugt. Was er bei Cohrs & Michaelis in einem Vierteljahr verdient, hat Hedwig in vier bis fünf Wochen erschrieben – solange braucht sie (höchstens) für einen Roman.

falschem Boden‹ und 1907 ›Es irrt der Mensch‹. Spätestens ab diesem Zeitpunkt muss sie als Berufsautorin gelten.

Das Dresdener Blatt ›Freya‹ war im Gegensatz zum ›Buch für Alle‹ eine neuere Gründung, allerdings von dem alteingesessenen Dresdener Kolportageverlag Richard Hermann Dietrich. Zeitschriften von Dietrich hatten in den 80er Jahren schon einige der frühesten Karl-May-Erzählungen gedruckt. 1902 hatte der Verlag 150 Angestellte, davon 100 Arbeiterinnen. Die ersten ›Freya‹-Hefte erschienen 1901, die Auflage betrug im darauf folgenden Jahr 150 000. Der Verlag setzte bei diesem Projekt offenbar bewusst auf unbekannte Namen, denn nur wenige Autoren wie Robert Kraft oder Felix Lilla tauchen in den ersten Jahrgängen auf. Andere Autoren nannten sich Ida John-Arnstadt, Rosetta Förster oder Elvira Hagen. Von Hedwig Courths-Mahler erschienen mindestens fünf Romane und Erzählungen in ›Freya‹: ›Das Recht auf Glück‹ (1907), ›Die Gouvernante‹ (1909), ›Der Sohn des Tagelöhners‹ (1910), ›Der Wildfang‹ (1911) und ›Das Gänsemädchen von Dohrma‹ (1911). 1910 erschien der Roman ›Ein Schritt vom Wege‹ in der Zeitschrift ›Heimat und Fremde‹ aus demselben Verlag. Es ist nicht ausgeschlossen, dass sich in verschollenen Jahrgängen dieser oder anderer Zeitschriften des Verlages, etwa ›Dietrich's Familienblatt‹ (1905–1909), weitere Courths-Mahler-Texte befinden.

Mit den Zeitschriftendrucken ist zumindest der Zeitpunkt der Erstveröffentlichung benennbar, denn zwischen Vorabdruck und Buchausgabe lagen nicht selten viele Jahre. ›Licht und Schatten‹ etwa, aus dem ›Chemnitzer Tageblatt‹ von 1904, erschien erst 1921 als Buch. Im gleichen Jahr erschien auch ›Glückshunger‹, die Buchausgabe des 1907 in ›Freya‹ abgedruckten Romans mit dem Titel ›Das Recht auf Glück‹. Zwischen Zeitschriften- und Buchausgabe der beiden im ›Buch für Alle‹ gedruckten Romane lagen drei bzw. vier Jah-

29 Buchbindersaal der Zeitschrift ›Freya‹. Fotografie

re, ›Die Gouvernante‹, 1909 in der ›Freya‹ erschienen, kam unter dem Titel ›Durch Liebe erlöst‹ erst 1915 als Buch heraus, während die Erzählungen ›Der Sohn das Tagelöhners‹ und ›Der Wildfang‹ in den Jahren 1910 und 1911 nahezu gleichzeitig in der Zeitschrift und als Buch publiziert wurden.

Aufgrund dieser Situation ist es nahezu unmöglich, die Frage nach der Entstehungszeit der jeweiligen Texte exakt zu beantworten – falls nicht konkrete Hinweise biografischer oder historischer Natur eine eingrenzende Datierung möglich

30 Hedwig Courths-Mahler im
Alter von 33 Jahren. Fotografie

machen. ›Auf falschem Boden‹ beispielsweise erschien 1906, als die Autorin mit ihrer Familie in Köpenick lebte. Der Roman hat aber eindeutig die Chemnitzer Wohn- und Arbeitssituation zum Hintergrund, deshalb kann er durchaus bereits vor 1905 entstanden sein. Die Autorin hat ihn vielleicht zurückgehalten, um mit den darin enthaltenen satirischen Passagen auf kleinstädtisches Spießertum am Ort selbst kein böses Blut zu erregen. Anders die Situation bei ›Das Recht auf Glück‹. Der Roman, 1907 erschienen, spielt in Weißenberg, womit Weißenfels gemeint ist. Handlungszeit ist jedoch nicht die historische Kindheitszeit der Autorin, sondern die Gegenwart: Die Heldin kommt zum Ehepaar Gustav und Babina Birkner, wo vor 30 Jahren ihre Mutter freundlich aufgenommen worden war. Die Haupthandlung des Romans spiegelt die Situation des Birkner-Pflegesohns Max Hüninger bzw. Massenbach. In der Nebenhandlung werden zwei Schwestern namens Margarete und Frieda vorgestellt, die beschrieben werden, wie man sich die beiden Töchter der Autorin zu diesem Zeitpunkt vorstellen muss. Die literarische Frieda ist »reichlich sechzehn Jahre«, genauso alt war die echte Frieda Courths, als der Roman erschien. In diesem Fall kann man also davon ausgehen, dass Veröffentlichungs- und Entstehungszeitpunkt des Romans nahe beieinander liegen.

Das gleiche gilt für ›Die Gouvernante‹, einen ›Gesellschafts-Roman‹, wie es im Untertitel heißt, der 1909 in ›Freya‹ abgedruckt wurde. Auch dieser enthält zahlreiche autobiografische Bezüge zu verschiedenen früheren Lebensstationen der Autorin, beispielsweise Weißenfels und Leipzig. Darin ist aber andererseits der schreckliche Tod von Max Mahler geschildert, der am 16. August 1909 in der psychiatrischen Abteilung der Leipziger Universitätsklinik starb. Der Kunstreiter Henry ist ins Irrenhaus eingeliefert worden, seine Frau besucht ihn täg-

> Er saß im Bett, das Gesicht nach der Wand gekehrt und kratzte mit seinen Fingernägeln an der Wand. Dabei sprach er halblaut in atemloser Hast unzusammenhängendes Zeug vor sich hin. Als Lilian eintrat, warf er einen bösen, scheuen Seitenblick nach ihr hin, nahm aber sonst gar keine Notiz von ihr. Zuweilen leckte er mit der Zunge das abgekratzte Mauerwerk auf und sprudelte es wieder von sich. Lilian mußte sich an die Tür lehnen, um nicht umzusinken vor Schmerz und Grauen. Ein trostlos gequälter Blick flog durch das Zimmer mit dem vergitterten Fenster. *›Die Gouvernante‹ (1909)*

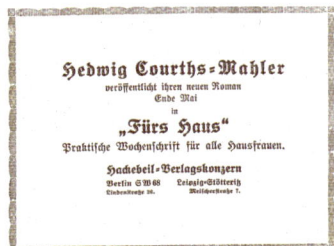

31 Anzeige von ›Fürs Haus‹ in ›Hackebeils Illustrierter Aktuellen Wochenschrift‹ vom 24. April 1924

lich. Die realistische Drastik dieser Szene erinnert deutlich an die zur gleichen Zeit entstehenden »Berliner Skizzen«, die Hedwig Courths-Mahler für die ›Welt am Montag‹ verfasste.

Vor allem aber war Hedwig Courths-Mahler in einem Zeitraum von 17 Jahren mit Abstand die produktivste Romanautorin der neu gegründeten Zeitschrift ›Hausfrau‹. Zwischen dem 1. Oktober 1909 und dem 6. Januar 1926 erschienen 19 Romane von ihr – in insgesamt mehr als 400 wöchentlichen Fortsetzungen! Zusammengenommen hat Hedwig Courths-Mahler also acht

Die mit Abstand wichtigste Zeitschrift für das erste (und zweite) Jahrzehnt der schriftstellerischen Arbeit Hedwigs war nicht ›Freya‹ oder ›Das Buch für Alle‹, sondern die ›Hausfrau‹. Die ›Berliner Hausfrau‹ – hervorgegangen aus der am 1. Oktober 1882 von der Schriftstellerin Clara von Studnitz in Berlin begründeten Zeitschrift ›Für's Haus‹, einem »Praktischen Wochenblatt für alle Hausfrauen« – wurde im Jahr 1900 gegründet. Das »Mutterblatt« hatte im Lauf der Zeit verschiedene Beilagen entwickelt, für Unterhaltung, für Mode, zuletzt diverse lokale. Zur Jahrhundertwende gründete man ein neues Kopfblatt, unter dem die verschiedenen Lokalbeilagen zusammengefasst wurden. Die ursprüngliche Zeitschrift ›Für's Haus‹ lief unter diesem Titel weiter, während gleichzeitig die lokalen Ausgaben der ›Hausfrau‹, zunächst nur die ›Berliner Hausfrau‹, ab Oktober 1903 aber auch andere wie die ›Dresdner Hausfrau‹ oder die ›Rheinische Hausfrau‹ zu erscheinen begannen. Nur scheinbar konkurrierende Unternehmen, hatten die diversen Ausgaben von ›Für's Haus‹ und ›Die Hausfrau‹, vom Mantel abgesehen, in Wirklichkeit einen weitgehend identischen Inhalt. Das Unternehmen war äußerst erfolgreich: Im Jahr 1902 hatte die ›Berliner Hausfrau‹ eine Auflage von 30 000, 1910 gab es schon 13 Nebenausgaben für Berlin, Bremen, Breslau, Chemnitz, Dresden, Frankfurt a.M., Hamburg, Hannover, Köln, Leipzig, Magdeburg, München und Nürnberg mit einer Gesamtabonnentenzahl von 300 000, 1914 (als Verlag zeichnete inzwischen die Berliner Firma Hackebeil) war eine Abonnentenzahl von 450 000 erreicht. Weitere Lokalausgaben kamen hinzu, die ›Kieler Hausfrau‹ erschien seit Oktober 1913, auch eine ›Danziger Hausfrau‹ ist nachweisbar. Daneben bestanden zu verschiedenen Zeitpunkten Regionalausgaben, etwa die Rheinische, die Bayerische, die Norddeutsche, die Sächsische, die Ostdeutsche und die Süddeutsche ›Hausfrau‹ – irgendwann gab es über 40 Nebenausgaben.

32, 33 Illustrationen zu Ankündigungen von Courths-Mahler-Romanen in
der ›Hausfrau‹

Jahre lang ununterbrochen Woche für Woche dieses Blatt und
seine Leser mit Romanen versorgt. Neben ihr waren Anny
Wothe, Marie Herzberg, Erich Ebenstein, Hanna Forster, Lola
Stein und später Otfrid von Hanstein und Lisa Barthel-Wink-
ler regelmäßige Autoren der ›Hausfrau‹. Für die Courths-
Mahler-Romane wurde auf den Titelseiten der Zeitschrift geworben, Vorankündigungen machten jeweils auf den neuen
Roman aufmerksam, und gelegentlich rückte die Redaktion –
auf ausdrücklichen Wunsch der Leserschaft – kleinere autobiografische Artikel über die beliebte Autorin ein. Als im Oktober 1909 ›Gib mich frei‹ zu erscheinen begann, ihr erster
Roman für die ›Hausfrau‹, konnte die Vorankündigung mit-
teilen, Hedwig Courths-
Mahler habe in diesem
Roman »alle ihre be-
kannten Vorzüge entfal-
tet«. In nur fünf Jahren

34 Anzeige des Romans
›Griseldis‹ in ›Fürs Haus‹
vom 27. August 1916

seit dem Erscheinen ihres ersten Romans im ›Chemnitzer Tageblatt‹ war sie zu einer Autorin geworden, deren Namen die Zeitschriftenredaktion bei ihren Leserinnen als bekannt voraussetzen konnte – und das, obwohl in Buchform zu diesem Zeitpunkt erst drei Romane von ihr vorlagen.

Rückblickend – noch die Kurzform lässt ihre Bewegung durchscheinen – schrieb sie 1938: »Jedenfalls dachte ich immer daran, wie ich meinen Kindern ein schönes Heim schaffen könne. Und – da wurde ich Schriftstellerin. Zuerst ohne jeden Erfolg. Es blieb mir keine Bitterkeit erspart. Dann plötzlich kam der Erfolg – unfaßbar für mich selbst. Ich habe gearbeitet, wie nur ein Mensch arbeiten kann. Am Tag als Hausfrau für alles, abends und nachts in meinem Beruf. Später war ich nur noch zur ›Erholung‹ im Haushalt tätig.«

Und ihr Erfolg mehrte sich. Zu Zeitungsabdrucken und Buchausgaben kommen Dramatisierungen hinzu. Seit es Erfolgsromane gibt, nehmen sich auch Theaterstücke dieser Stoffe an. Vulpius' ›Rinaldo Rinaldini‹ (1798) etwa fand zahlreiche Theaterbearbeiter. Im letzten Drittel des 19. Jahrhunderts war es geradezu üblich geworden, Unterhaltungsromane zu Theaterstücken umzuarbeiten. Bestimmte Dramaturgen spezialisierten sich auf Umarbeitungen, und das geschah in der Regel ohne Erlaubnis der Autoren der Vorlage. Vor allem die Autorinnen der ›Gartenlaube‹ waren bevorzugte Opfer unautorisierter Adaptationen, von E. Marlitt wurden sämtliche Romane auf diese Weise für die Bühne bearbeitet. Manche Autoren, etwa Wilhelmine von Hillern, die Verfasserin der ›Geyer-Wally‹, führten Prozesse gegen Theater und Dramaturgen, weil sie sich um ihr geistiges Eigentum betrogen fühlten. Die Rechtslage erwies sich jedoch als insgesamt unklar und die geringen Strafen schreckten nicht ab. Das Berliner Ostend-Theater und sein Dramaturg lebten beispielsweise

Die ›Hausfrau‹ stellte ihrem Publikum die junge Hauptdarstellerin der Dramatisierung von ›Aus erster Ehe‹ besonders vor:
»Unsere Leserinnen wird es gewiß interessieren, die Darstellerin der Heldin des Romans, die schüchtern-liebliche ›Eva‹ zu sehen. Fräulein Anna Kahlenberg hatte als ›Eva‹ lebhaften Beifall.«

Fräulein Anna Kahlenberg spielt die „Eva" indem nun dramatisierten, bei uns kürzlich erschienenen Roman „Aus erster Ehe".

jahrelang ausschließlich von höchst erfolgreichen Roman-adaptationen, die Dutzende von Vorstellungen erlebten. Wer als Autor unter diesen Umständen seine Rechte wahren wollte, musste selbst tätig werden. Deswegen gingen manche Romanautoren dazu über, eigene Theateradaptionen zu liefern. Das erwies sich allerdings als schwierig, denn oft wurden die unautorisierten Theaterstücke bereits angekündigt und geprobt, während die Vorlage noch in Fortsetzungen durch eine Zeitschrift lief. Da die Originalautoren selbst nur nacheinander an Roman und Theaterstück arbeiten konnten, waren sie in Bezug auf Schnelligkeit – und damit »Aktualität« – den findigen Piraten immer unterlegen. Das zwang die Autoren, sich literarische Mitstreiter in eigener Sache zu suchen, was vereinzelt auch geschah. Hier liegen die Anfänge einer Unterhal-

35 Die Schauspielerin Anna Kahlenberg. Fotografie

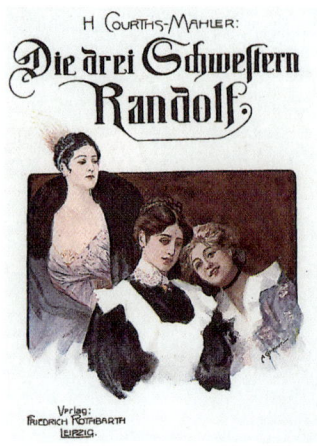

tungsindustrie, deren Ausmaße heute unüberschaubar geworden sind. Ein Erfolgsroman wurde zum multimedialen Ereignis.

Als Hedwig Courths-Mahlers Aufstieg begann, waren die Theater allerdings dazu übergegangen, bei den Rechteinhabern nachzufragen. Oft wurden ihnen die Stoffe auch direkt von den jeweiligen Romanautoren bzw. ihren Agenten angeboten. Zwischen 1909 und 1922 sind mehr als zwei Dutzend Adaptationen von Courths-Mahler-Romanen nachweisbar. Am 1. August 1909 hatte ›Der stille See‹, ein Schauspiel in fünf Akten, am Luisentheater in Berlin Premiere. Die Buchausgabe des gleichnamigen Romans erschien erst 1913. Drei Monate später hatte am gleichen Ort bereits das nächste Courths-Mahler-Stück Premiere: am 21. November 1909 wurde ›Gib mich frei‹ gegeben. Diese Inszenierung »beherrschte eine Zeitlang den Spielplan des Luisentheaters«. Und so ging das weiter, eine Theateradaptation folgte der anderen, mindestens 13 Jahre lang, bis am 5. März 1922 ›Die Pelzkönigin‹ im Neuen Operettenhaus in Berlin-Schöneberg Premiere hatte. Die meisten Umarbeitungen stammten von Ernst Ritterfeld, dem Direktor des 1896 gegründeten Luisentheaters in Berlin, Reichenbergstraße 34. Das Theater fasste 1026 Zuschauer. Vorlage für die Adaptationen waren ausschließlich die Zeitungsabdrucke der Romane, meist aus der ›Hausfrau‹. Die ›Hausfrau‹ machte regelmäßig

36 Umschlag des Romans ›Die drei Schwestern Randolf‹ im Rothbarth-Verlag (1916)

in großformatigen Anzeigen der entsprechenden Lokalausga-
be auf die Aufführungen aufmerk- sam und nutzte sie als
willkommenes Instrument zur Leserinnenbindung, indem sie
eigene Nachmittagsvorstellungen veranstaltete: Unterhaltung, Service und Lokalbezug ließen sich so aufs Innigste ver-
binden. Im Februar 1911 lief ›Aus erster Ehe‹ in der Zeitschrift
aus, prompt folgte die Premiere im Luisentheater am 1. März.
Das Stück wurde unter anderem auch im Bremer Thalia-
Theater und in Schöningen gespielt. ›Was Gott zusammenfügt‹ (Premiere im Luisentheater: 23. Februar 1910) erlebte allein in Bremen in zwei Jahren 20 Aufführungen, weitere 15 in
der Spielzeit 1910/11 in Wiesbaden, Stolpmünde, Wittenberg
und Nürnberg. Im Durchschnitt gab es zwei Courths-Mahler-
Inszenierungen pro Jahr, die dann durch zahlreiche Städte
Deutschlands auf Tournee gingen. Das Schillertheater aus
Hamburg-Altona gastierte mit dem Stück ›Deines Bruders
Weib‹ im März und April 1913 in Kiel. »Da der Andrang vor-
aussichtlich ein sehr großer wird, empfehlen wir Karten zeitig
besorgen zu wollen«, meldete die ›Hausfrau‹. Im Mai des
gleichen Jahres bot das Deut-
sche Theater in Köln das
Stück ›Ich lasse Dich nicht‹
in einer eigenen Inszenierung, die »in vielen der größten Städte bereits einen bedeutenden Bühnenerfolg er-
zielt« hatte. Im März 1915
wurde im Kölner Metropol-
Theater ›Miß Lilian, die schöne   Deutsch-Amerikanerin‹
aufgeführt, was zuvor in Berlin und Hamburg gelaufen

37 Romy Schneider auf einem
Romanumschlag der Nachkriegszeit

In den Anfangsjahren waren Courths-Mahlers Romane bei verschiedenen Verlagen erschienen: je einer bei Weichert (Berlin) und Weber (Heilbronn), zwei in der Reihe ›Kürschners Bücherschatz‹ (›Scheinehe‹, 1905; ›Im Waldhof‹, 1909), drei in Würzburg bei Memmingers Buchdruckerei (›Auf falschem Boden‹, 1910; ›Es irrt der Mensch‹, 1910; ›Lieselottes Heirat‹, 1911), vier bei Richard Hermann Dietrich in Dresden. Seit 1912 erschienen die Buchausgaben ihrer Romane nun nahezu ausschließlich in zwei Verlagen: bei Enßlin & Laiblin in Reutlingen und vor allem bei Friedrich **Rothbarth** in Leipzig. Der Verlag Friedrich Rothbarth war am 1. Mai 1903 in München gegründet und im Jahr darauf nach Leipzig verlegt worden. Seit dem 2. Juni 1909 galten als Inhaber Paul Meuche und Ernst Karl Kurt Lange – dennoch hat Friedrich Rothbarth noch 1916 und 1921 Verträge mit Hedwig Courths-Mahler unterzeichnet. 1919 wurde in Bern eine eigene Auslieferung des Stammhauses eingerichtet, die 1932 in die Buchverlags-Aktiengesellschaft umgewandelt wurde. Paul Meuche war Mitglied im Verwaltungsrat dieser Schweizer AG. Nach dem Zweiten Weltkrieg etablierte sich die Firma neu, wurde aber offensichtlich in den 50er Jahren aufgelöst. Anfangs akzeptierte Hedwig Courths-Mahler, wie schon bei Taendler, auch für ihre Buchausgaben noch **Pauschalhonorare**. So erhielt sie etwa 1912 für die Neuausgabe von ›Untreu‹ 300 Mark von Weichert. Auch die ersten Bände bei Rothbarth wurden pauschal honoriert: für ›Die wilde Ursula‹ (1912) erhielt sie laut Vertrag 345 Mark, etwa das gleiche Honorar für die Erstauflage von 3000 von ›Ich lasse dich nicht‹ (1912). Jedes weitere Tausend sollte 150 Mark bringen. Da von diesen Büchern bis 1941 116762 bzw. 172762 Exemplare verkauft wurden, hat die Autorin dafür 17295 Mark erhalten. So lauteten die Bedingungen für die meisten Romane zwischen 1912 und 1918. Für die beiden Skizzenbände ›Ein deutsches Mädchen‹ (1917) und ›Meine Käthe‹ (1917) erhielt sie laut vorliegendem Verlagsvertrag von Rothbarth je 150 Mark für die erste Auflage von 3000 Exemplaren, für jedes weitere Tausend 60 Mark. Da von beiden Bänden bis 1941 581974 bzw. 468638 Exemplare verkauft wurden, ergibt sich für Courths-Mahler ein Gesamthonorar von 33090 Mark bzw. 28050 Mark je Band: Das sind nur etwa 6 Pfennig pro Exemplar! Anfang der 20er Jahre erhielt sie 6 % vom Ladenpreis ihrer Bücher, die damals zwischen zwei und neun Mark kosteten. In späteren Jahren erhielt sie, wie aus einer Abrechnung vom August 1943 hervorgeht, **10 % vom Ladenpreis**. Nach 1938 lag die Preisspanne zwischen zwei Mark für kartonierte und fünf Mark für Ganzleinenbände. Für die Übersetzungen erhielt sie seit 1915 75 % aller einlaufenden Beträge. Ihre Monatsabrechnung bei Rothbarth für April 1921 betrug 15660 Mark, in anderen Monaten soll sie fast 40000 Mark betragen haben.

38, 39   Die Umschläge von ›Meine ▶
Käthe‹ (1917) und ›Ich lasse Dich
nicht!‹ (1912). Beide Romane erschienen im Rothbarth-Verlag.

war. In Aschaffenburg wurde 1917 eine Theatertruppe, die einen Courths-Mahler-Roman aufführte, vom Magistrat wegen Betrugs angezeigt. Die Leistungen seien »unzureichend« gewesen.

»Für jeden der bei Hackebeil veröffentlichten Courths-Mahler-Romane wurden ca. 30 ausverkaufte Vorstellungen angesetzt«, heißt es in den Erinnerungen der Theaterleute Edith Krull und Hans Rose. Ins Berliner Rose-Theater musste umgezogen werden, wenn sich zu viele Interessenten für die Nachmittagsvorstellungen angemeldet hatten. Das war beispielsweise 1915 bei der Premiere der ›Kriegsbraut‹ der Fall. Auch im Leipziger Battenberg-Theater wurden immer wieder Courths-Mahler-Stücke inszeniert: ›Die drei Schwestern Randolf‹ (1913), ›Die Kriegsbraut‹ (1915), ›Rote Rosen‹ (1916), ›Jungfer Königin‹ (1917), ›Ohne dich kein Glück‹ (1917). Manche Titel von Courths-Mahler-Theaterstücken lassen sich nicht eindeutig einem Roman zuweisen: ›Jungfer Königin‹ (1917), ›Wenn zwei sich lieben‹ (1917), ›Der verflossene Nuß-

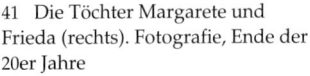

dorf‹ (1919), ›Vom andern Ufer‹ (1920). Sie beruhen vermutlich auf Zeitungsabdrucken, die im Titel von der Buchausgabe abweichen. Wurden die Umarbeitungen zunächst ausschließlich von Ernst Ritterfeld vorgenommen, so erscheint bei mindestens acht Stücken zwischen 1915 und 1918 eine »M. Birkner« als Mitautorin. Dieses Kürzel steht vermutlich für Margarete, die älteste Tochter der Autorin, die 1915 den Schauspieler Karl Elzer geheiratet hatte. Hedwig Courths-Mahler ermöglichte ihr mit den Umarbeitungen den Einstieg in eine eigene literarische Karriere. Seit dieser Zeit firmiert sie als »Mitarbeiterin« und Sekretärin ihrer Mutter: auf diese Weise entstand ein höchst produktiver literarischer Familienbetrieb, in den auch Frieda, die jünge-re Tochter, bald einstieg. Sie übernahm von ihrer Schwester deren Pseudonym und nannte sich »Friede Birkner«. Im Januar 1919 arbeitete Margarete Elzer gemeinsam mit ihrem Ehemann Karl die Erzählung ›Es zog ein Wanderbursch vorbei‹ zu einem Volksstück mit Musik um, dessen Tantiemen ihnen zuflossen.

40 Margarete Courths (oben). Fotografie, 1913

41 Die Töchter Margarete und Frieda (rechts). Fotografie, Ende der 20er Jahre

Die Theaterumarbeitungen enden ziemlich genau zu der Zeit, als sich eine andere Vermarktungsmöglichkeit auftut: der Film.

Am 16. Juni 1915 gibt es bei den Courths in Karlshorst eine Doppelheirat: die beiden »Kriegsbräute« Margarete und Frieda heiraten. Jede, wie könnte es bei der theaterbegeisterten Familie anders sein, einen Schauspieler! Frieda heiratet Arthur Menzel (1881–1937), doch in der Hochzeitsnacht stellt sich Menzels Homosexualität heraus. 1919 kam es zur Scheidung. Frieda heiratete 1924 ein zweites und 1937 ein drittes Mal. Margaretes Mann war der Schauspieler Karl Elzer

42 Hedwig Courths-Mahler und ihr Schwiegersohn Karl Elzer bei einer improvisierten Theaterszene. Fotografie

43 Der Schauspieler Karl Elzer.
Fotografie

(1881–1938), mit ihm blieb sie 24 Jahre verheiratet. Hedwig schrieb über diese Ehe: »die glücklichste und harmonischste, die ich je kennen gelernt habe«. Margarete heiratete im weißen Faltenrock und weißer Seidenbluse, Karl Elzer in Feldgrau. Im Oktober 1914 hatte er einen Kopfschuss erhalten, der starke Blutverlust trug ihm ein Herzleiden ein, das ihm lange Jahre Beschwerden machte. Der Direktor des Schiller-Theaters, Max Padek, besuchte Elzer im Lazarett und verlängerte seinen Vertrag um fünf Jahre, obwohl noch nicht sicher war, ob er seinen Beruf überhaupt wieder ausüben konnte. Elzer, Sohn einer Theatergarderobiere in Karlsruhe, war am Schiller-Theater der Komiker. Als Courthsens noch im gleichen Jahr von Karlshorst nach Charlottenburg ziehen, nimmt das Ehepaar Elzer sich nur ein Haus weiter in der Knesebeckstraße 14 eine Wohnung. Später, am Tegernsee, wohnt Margarete mit ihrem Mann sogar im Haus ihrer Mutter.

»Wer einmal spät abends, nachdem sie das sich selber vorgeschriebene Tagespensum gearbeitet hatte, ihren meist sehr schlichten Schreibtisch betrachtete, konnte annehmen, es wäre der Schreibtisch eines Beamten des Finanzamtes – peinlichst aufgeräumt war er nach Arbeitsschluss. Bleistifte geradeaus gerichtet, welche zu spitzen eine gern ausgeführte Arbeit meines Vaters war, der es darin zur Virtuosität gebracht hatte und ihre immer nadelspitz gespitzten Bleis vorbereitete. Portobuch, Ausgabenheft, Tinte, Federhalter, aufgeschichtetes Papier und abgelegte Manuskriptbogen – alles war in ein System gefügt und ihr unbehaglich, wenn irgend ein Sturmwind eines Tagesereignisses dadurch gefegt war. [...] Ihre sogenannten Schmiermanuskripte schrieb Mutter mit Blei [...] auf stark satiniertes gelbliches Papier – kein anderer Mensch konnte da nur eine Zeile davon entziffern, sie hatte ihre eigene, nur ihr lesbare Stenographie. Aber die Reinschrift zeigte dann eine saubere, ordentliche, sehr lesbare Handschrift.«

Friede Birkner: ›Erinnerungen an meine Mutter‹

»Fortsetzung folgt«

Honorare für Zeitungsromane waren die Haupteinnah-mequelle für Schriftsteller, die Einnahmen aus Buchver-käufen machten in der Regel nur einen Bruchteil hiervon aus. Das Fortsetzungsfeuilleton war während der ersten Hälfte des 20. Jahrhunderts, neben den weiterhin florierenden Leih-bibliotheken, das Hauptmedium für die Massenverbreitung von Literatur. Dennoch ist über die Sozialgeschichte der Zei-tungs- und Zeitschriftenromane in Deutschland wenig bekannt. Deshalb lässt sich über die Bedeutung Hedwig Courths-Mah-lers für diesen gesamten Bereich der literarischen Öffentlichkeit zunächst nur Allgemeines sagen. Ihre Stellung kann jedenfalls kaum überschätzt werden. Ein Lexikon von 1913 vermerkt über sie: »gute Zeitschriftenromane«, in Koschs Literaturlexikon heißt es 1927: »dient mit größtem Erfolg der Tages-Belletristik«, und ein polemischer Artikel über »Presse und Literatur« von 1920 nennt ihren Namen mit größter Selbstverständlichkeit: »Es ist kaum glaublich, wie sich die geistig führende Presse von ›Modenamen‹ wie Mahler, Anny Wothe usw. beherrschen läßt.« Ein Werbeprospekt des Rothbarth-Verlages um 1920 schreibt, »alle großen deutschen Zeitungen« hätten Courths-Mahler-Romane im Feuilleton gebracht: »Dadurch wurde der Name der genialen Frau in kürzester Frist ein im Gesamtgebiet deutscher Zunge gefeierter und bewunderter.« Sogar in der Wiener ›Neuen Zeitung‹, einem populären christlich-sozialen Blatt, war Hedwig Courths-Mahler Stammautorin, auch das ›Neue Wiener Journal‹ unterhielt seine Leser mit Courths-Mahler.

»Der Zeitungsroman? – Die Männer zucken die Achseln und lachen: ›Ach nein, das können Sie nicht verlangen, daß ich den auch lesen soll, den Roman liest meine Frau.‹ Und mit derselben Regelmäßigkeit fahren sich die literarischen Autoren, die es mit ihrer Kunst ernst nehmen, verzwei-felt in die Haare, wenn man mit ihnen auf das Thema zu sprechen kommt. Der Zeitungsroman, der Roman der ›Familienblätter‹ verfällt.«
Dorothee Goebeler: ›Die Frau und der Roman‹
Aus: ›Die Welt am Montag‹ vom 16. September 1912

Seit dem 18. Jahrhundert waren Leihbibliotheken in Deutschland die Hauptumschlagplätze für Literatur. Die Bedeutung der Leihbibliotheken schwankte zwar in manchen Zeiten, doch blieb das Lesepublikum auch in der ersten Hälfte des 20. Jahrhunderts den Leihbibliotheken im Großen und Ganzen treu. Vielfach wurden Leihbibliotheken als Nebengeschäfte zu Sortimentsbuchhandlungen, Antiquariaten, Papier- und Schreibwarenhandlungen betrieben. Mit der trostlosen wirtschaftlichen Lage gegen Ende der 20er Jahre erlebte das Leihbüchereiwesen einen rasanten Aufschwung. Um 1925 gab es etwa 500 Leihbibliotheken in Deutschland, die alle nach dem Abonnementsystem arbeiteten. Der Besitzer einer großen Leihbibliothek am Kurfürstenplatz in Berlin berichtete, Courths-Mahler werde bei ihm viel gelesen, »aber nicht von den Damen, sondern von den Hausangestellten des Viertels«. Die Münchener Leihbibliothek »Hildegard« hatte 1926 ca. 15 000 Bände im Angebot, darunter allein 116 Romane von Courths-Mahler. »Hildegard« lieferte seinen Abonnenten wöchentlich fünf Bücher ins Haus, dafür mussten 75 Pfennige bezahlt werden, bei Selbstabholung 60 Pfennige. Es gab Millionen von Arbeitslosen, die so die reichlich vorhandene Zeit nutzen wollten. Allerdings waren nicht die Erwerbslosen die Hauptnutzer der Leihbibliotheken, sondern jene Schicht, die »immer das neueste Buch« haben wollte. Mit Beginn der 30er Jahre schossen neue Leihbibliotheken wie Pilze aus dem Boden: Schätzungen zufolge gab es 1932 schon 15 000 bis 18 000 Leihbüchereien im Gebiet des Deutschen Reiches, manche Schätzungen gehen sogar von 30 000 bis 40 000 aus. Leihbüchereien gab es in allen möglichen Gewerbezweigen, sie waren im Friseurladen wie im Gemüseladen zu finden, in der Wäscheplätterei wie im Kolonialwarenladen. Welche Ausmaße das kommerzielle Buchverleihgewerbe angenommen hatte, zeigen die Zahlen aus den Rheinprovinzen. »Danach gab es im Februar 1931 in Düsseldorf rund 40 Leihbüchereien, ein Jahr später waren es schon über 200. In Köln stieg die Zahl im gleichen Zeitraum von ca. 60 auf 460 an!« In Hamburg existierten nach Angaben der Polizei 1923 bereits 802 Leihbibliotheken. Das Leihbüchereiwesen hatte sich nicht nur in den Großstädten etablieren können, sondern zunehmend auch in kleinen Städten: In Gelsenkirchen gab es 18, in Mannheim 40, in Bamberg 12 usw.

Besonders dramatisch war die Situation in Berlin. »In allen Straßen, angefangen von der Friedrichstraße und den Passagehallen bis zu den engsten Gassen irgendwo hinterm Alexanderplatz, haben sich, inmitten ande-

»Sie haben den absoluten und reinen Mut zum Kitsch – weil Sie gar nicht fühlen, daß es Kitsch ist. Sie sind unnachahmlich – wie Rembrandt! [...] Aus Ihnen und Ihren papierenen Phantasien schreiben zehn Millionen Menschen, die nie außer zu einer Wäscherechnung oder einer Steuererklärung eine Feder in die Hand genommen haben. Die seelisch ganz unverdorben, künstlerisch völlig unbefleckt, literarisch Kinder und reine Toren sind.« *Georg Hermann zum 60. Geburtstag*
Hedwig Courths-Mahlers in der ›Vossischen Zeitung‹ (1927)

rer Geschäfte, Leihbüchereien breitgemacht.« 1932 gab es hier 500 bis 600 Leihbibliotheken, ein Jahr später ist bereits von 2 000, 3 000, ja 4 000 die Rede. Eine anschauliche Schilderung gibt eine Berliner Zeitung: »4 000 000 Bücher leihen die Berliner Leihbibliotheken monatlich aus. Um 60 % ist die Zahl der Bibliotheken in den letzten eineinhalb Jahren gestiegen. 2 000 Geschäfte verleihen Bücher ohne Pfand ›von 10 Pfennig aufwärts‹. Unzählige Büchereien existieren ohne eigentliches Geschäft. In den Grünläden und Zigarrengeschäften der Arbeitergegenden werden Bücher verliehen. Mit dem Motorrad – den Beiwagen voller Bücher – werden die Vororte beliefert. In den Hausfluren der Mietskasernen haben sich Leihbibliotheken etabliert. Die Hälfte der Treppen dient dem Verkehr, auf der anderen Hälfte der Stufen stehen die Bücher. Abends verschwinden sie in einem großen Waschkorb. Im Nachbarladen werden sie untergestellt, und jeden Morgen baut man den Laden neu auf.«

Von Anfang an waren die Leihbibliotheken der Kritik eifernder Schmutz- und Schundkämpfer ausgesetzt. Vor allem Lehrerschaft und Geistlichkeit fühlten sich aufgerufen, die »Giftküchen«, in denen »das Volk verseucht« werde, zu bekämpfen. Insbesondere in christlich-konservativen Kreisen stieß die Leihbibliotheksliteratur auf empörte Ablehnung, was 1933 geradezu in eine »Verfolgungseuphorie« ausartete. Von Seiten der Verleger erkannte man erst relativ spät die Bedeutung der Leihbüchereien als wirtschaftlichen Machtfaktor. Auf Anregung von Wilhelm Goldmann gründete sich 1932 in Leipzig die »Vereinigung der am Leihbibliothekswesen interessierten Verleger«, der neben Rowohlt und Cassirer u. a. auch der Karl-May-Verlag, der Retcliffe-Verlag, der Münchmeyer-Verlag und der Rothbarth-Verlag in Leipzig angehörten. Hier wurden Fragen der Besteuerung oder der Tantiemenpflicht für Autoren erörtert. Ein 1933 ausgehandelter Tantiemenvertrag wurde vier Tage nach Unterzeichnung durch die totale Umwandlung des literarischen Marktes und den lückenlosen Zugriff des faschistischen Staates auf das deutsche Schrifttum hinfällig. Die Nazis brachten als Erstes die Autoren um ihre Tantiemen.

44 Leihbücherei. Nach einem Gemälde von F. Ortlieb, um 1880

Die Struktur des Feuilletonmarktes wirkte sich inhaltlich auf die Romane aus. Zeitgenössische Beobachter monierten immer wieder die »alberne Prüderie« der Zeitungsredaktionen. Max Hirschfeld, der später ebenfalls als Literaturagent arbeitete und den Feuilletonmarkt sehr gut kannte, schrieb dazu: »Solange es vom Verleger verboten wird, einen Roman zu acceptieren, in dem von einer Ehescheidung die Rede ist u.s.w., solange kann den Zeitungslesern eine vernünftige Gegenwartslektüre nur schwer geboten werden.« Diese Situation traf auf den überwiegenden Teil aller etwa 4000 Tageszeitungen in Deutschland zu – und von diesen mussten die Autoren leben. Nur eine Hand voll Zeitungen und Zeitschriften konnte es sich aufgrund der Zusammensetzung ihrer Leserschaft leisten, auf dieses enge inhaltliche Korsett zu verzichten: ein paar Wochen- bzw. Monatsschriften, wenige sozialistische Blätter und einige überregional gelesene Tageszeitungen. Nahezu jede Form der Erotik war für Zeitungen verpönt. Romane, in denen eine Scheidung, ein unerlaubtes Liebesverhältnis oder selbst die Erwähnung unehelicher Kinder vorkamen, wurden abgelehnt. »Wenn eine Provinzzeitung von unserem literarischen Bureau Romane verlangte, so wurden stets Ehebruchsromane und dergl. ausgeschlossen«, stellte Hirschfeld 1909 fest und führte diese Umstände im Wesentlichen auf das Geschmacks- bzw. Sittlichkeitsdiktat konfessionell gebundener Gruppen zurück. In solchen Produktionszwängen bestand die eigentliche Ursache für die weitgehende Konformität des Romanfeuilletons in Deutschland. Hedwig Courths- Mahler wollte vom Schreiben leben, also unterlag sie diesen Zwängen.

Dennoch wollte auch der Zeitungsleser »im Roman sein eigenes Leben und Wirken widergespiegelt sehen«. Gefühle, Ansichten und Bedürfnisse des Autors mussten möglichst auf

Wer aber einen Zeitungsroman schreiben will, von dem er einen bedeutenden Absatz erhofft, der wird wohl oder übel auf diese Wünsche Rücksicht zu nehmen haben. [...] Man muß sich also [...] entscheiden, ob man nur aus innerm Drange oder zu seinem Vergnügen, oder ob man für seinen Erwerb schreibt. Im letzten Falle wird man sorgsam darauf zu achten haben, daß die Liebesepisoden und alle erotischen Erwähnungen nicht über das Gartenlaubenniveau hinausgehen.

Max Hirschfeld (1909)

der gleichen Grundlage stehen wie die seiner Leser. Hedwig Courths-Mahler traf mit ihren Romanen von Anfang an die Konstitution ihrer Leser in besonderer Weise. Obwohl – oder vielleicht weil – ihre ersten Romane thematisch fast durchweg um Scheidung und Untreue kreisten. Um Erfolg zu haben, musste ein Autor die Leser in ihrer eigenen Situation erreichen. Dazu waren bestimmte Formen eines realistischen Gegenwartsbezuges unabdingbar. Mit welcher intuitiven Zielgenauigkeit dies im besten Fall gelingen konnte, dafür bietet bereits Hedwigs erster Roman ein kurioses Beispiel. In ›Licht und Schatten‹, der im März 1904 im ›Chemnitzer Tageblatt‹ erschien, müssen sich Anne Deckmann und ihre Tochter Ilse den Lebensunterhalt durch Heimarbeit verdienen: Sie sticken unermüdlich, dennoch herrschen ständige Geldsorgen. Immer wieder gibt es »Schelten und Zanken des Arbeitgebers bei unpünktlicher Lieferung der Stickereien«. Die gleiche Aus-

Der Bedarf an Zeitungsromanen war sehr groß. 1917 gab es, trotz kriegsbedingten Rückgangs, über 2900 Tageszeitungen in Deutschland, 1934 war die Anzahl auf 4700 gewachsen. Diese Zeitungen benötigten pro Jahr 29000 bis 35000 Romanabdrucke. Berücksichtigt man den Mehrfachabdruck, dann errechnet sich daraus ein Jahresbedarf von 2000 bis 5000! Hier werden Dimensionen einer Unterhaltungsindustrie sichtbar, die an Kräfteverbrauch, Finanzeinsatz und inhaltlicher Struktur nur mit der heutigen Fernsehbranche vergleichbar sind. Dieser Bedarf war vom einzelnen Autor nicht zu decken. Romanvertriebe und literarische Agenturen versorgten den Markt. Courths-Mahler-Romane wurden, außer von Taendler, vor allem von Karl Köhler & Co. (nachmals Kunige) in Berlin-Zehlendorf vertrieben. 1928 bestanden 74 Feuilleton-Korrespondenzen in Deutschland, weitere 14 vertrieben ausschließlich Romane, und noch 1937 gab es mindestens 52 Romanvertriebe. Die Vermarktung geschah im Erfolgsfall in drei Schritten: Zunächst gab es den Erstdruck in einer Großzeitung, meist in Berlin, dann erwarb eine Anzahl mittlerer Blätter den Roman, und schließlich ging er zum Abdruck für die kleine Presse an 500 bis 1000 Kleinzeitungen. Ein Roman konnte auf diese Weise Leserziffern haben, wie sie das Buch in solcher Höhe selten schafft. Der jähe Erfolg Courths-Mahlers in ihren Anfangsjahren erklärt sich vor allem aus dieser Multiplikationswirkung der Presseabdrucke. Der andere Faktor ist ihre enorme Produktivität. Beides addierte sich zu einem Vervielfältigungseffekt, der seine Wirkung auf die Leser nicht verfehlte. Ein Erstabdruck wurde mit etwa 600 bis 1000 Mark, Zweitdrucke mit 350 bis 400 Mark bezahlt, kleinere Zeitungen zahlten von 60 bis herunter auf 10 Mark. »Courths-Mahler-Romane waren für 10 bis 15 RM zu haben.« (März)

gabe der Zeitung, die in der Romanfortsetzung diese Aussage enthält, bringt einen Bericht über den Allgemeinen Heimarbeiter-Schutzkongress, der gerade in Berlin stattfand. Dort wird die Delegierte der Berliner Frauenversammlung, Clara Zetkin, mit einer polemischen Stellungnahme zur sogenannten »Schmutzkonkurrenz« bürgerlicher Frauen gegenüber den »wirklich« bedürftigen Proletarierinnen zitiert. Bericht und Feuilletonroman kommentieren sich sozusagen gegenseitig. Dass beides am gleichen Tag im selben Blatt erschien, war Zufall; der Gegenwartsbezug der Romane keinesfalls. Dabei unterstützt der Roman die Zetkin-kritische Haltung der bürgerlichen Zeitung, indem er deutlich macht, dass die allein stehenden bürgerlichen Heldinnen durchaus auch auf jeden Groschen aus ihrer Heimarbeit angewiesen sind.

Anders als die Tageszeitungen veröffentlichten die Zeitschriften, also ›Freya‹, die ›Hausfrau‹ und später auch ›Im traulichen Heim‹ und ›Illustrierte Roman-Welt‹, fast ausschließlich »Originalromane«, d. h., sie warben mit dem Erstabdrucksrecht eines Romans. Erst wenn die Romane den Vorabdruck durchlaufen hatten, wurden sie auch als Buch veröffentlicht. Da Hedwig Courths-Mahler meistens mehrere aufeinander folgende Vorabdrucke in verschiedenen Zeitschriften aufzuweisen hatte, vergingen in der Regel drei bis vier Jahre zwischen Vorabdruck und Buchausgabe. Wenn die-

45 Clara Zetkin (1857–1933)

se schließlich vorlag, wurden nicht selten erneut Rechte für Zeitungs- bzw. Zeitschriftenabdrucke vergeben. ›Griseldis‹ beispielsweise, einer der bekanntesten Courths-Mahler-Romane – 1915 als Theaterstück, 1921 verfilmt, 1974 als TV-Film mit Sabine Sinjen –, erschien von Ende 1915 bis zum 3. September 1916 in ›Fürs Haus‹, vom 3. September 1916 bis 18. Februar 1917 in der ›Hausfrau‹ und im gleichen Jahr 1917 als Buch bei Rothbarth. Von Mai 1918 bis ins Jahr 1919 lief der Roman dann wieder in Fortsetzungen im ›Katholischen Hausfreund‹ (Blatzheim). Bei der Vermarktung war allerdings darauf zu achten, dass sich das Publikum der verschiedenen Blätter nicht überschnitt, um Unmut unter der Abonnentenschaft zu vermeiden. Redaktionell wurde die ›Hausfrau‹ über lange Jahre von Dorothee Goebeler betreut, die auch selbst kurze Beiträge verfasste, vor allem Leitartikel zu frauenspezifischen Themen wie »Die Frauen und der Kampf gegen den Schmutz« oder »Zärtlichsein in der Öffentlichkeit«.

Die Romane liefen in der ›Hausfrau‹ und der ›Mädchenpost‹ von einem Jahrgang zum anderen, neue Abonnenten erhielten die früheren Folgen des laufenden Romans in einem Sonderdruck. Zum Konzept der Leserbindung der ›Hausfrau‹ gehörten zahlreiche soziale Veranstaltungen, die an inhaltliche Schwerpunkte der Zeitschrift anknüpften. Kinderfeste wurden veranstaltet und Ausflugslokale für Mütter empfohlen. Jedes Heft bestand aus einem mehrseitigen lokalbezogenen Mantel, in dem Berichte, Anzeigen usw. auf die örtlichen Gegebenheiten eingingen. Im Inneren gab es mehrere Abteilungen, die überregional identisch waren: der jeweilige Roman, eine Handarbeitsbeilage, die Kinderbeilage ›Für unsere Kleinen‹. Die Seitenzählung bezog sich jeweils nur auf die einzelne Abteilung, so dass diese bei Bedarf ausgetauscht bzw. ersetzt werden konnte. Anders als die festen Beilagen für bestehende Lokalblätter, die der Stuttgarter Verleger Hermann Schönlein seit den 60er Jahren des 19. Jahrhunderts produzierte, die nur mit den jeweiligen lokalen Titelblättern versehen waren und den lokalen Bezug lediglich behaupteten, gab es bei den örtlichen Ausgaben der ›Hausfrau‹ tatsächlich eine lokale Redaktion, die für entsprechenden Stoff sorgte.

Im gleichen Verlag wie die ›Hausfrau‹, dem Norddeutschen Druck- und Verlagshaus Leipzig, später Guido Hackebeil AG Berlin, erschien seit 1913 die ›Mädchenpost‹, eine ›Wochenschrift für die weibliche Jugend‹. Auch diese Zeitschrift, die 1914 21 000 Abonnenten hatte, publizierte Courths-Mahler-Texte: ›Die Bettelprinzeß‹ (1913/1914), ›Mamsell Sonnenschein‹ (1914/1915) und ›Armes Schwälbchen‹ (1918/1919). Hierbei handelt es sich um Texte, die Hedwig Courths-Mahler für ein jugendliches Publikum geschrieben hat. Die beiden letztgenannten Erzählungen hatte die Autorin, wie die Redaktion ausdrücklich feststellte, eigens für die ›Mädchenpost‹ ge-

Die Ankündigungen der Courths-Mahler-Romane heben meistens zwei Aspekte hervor: Spannung und »prägnante Charakterisierung«. Vor allem betont der Verlag immer wieder aufs Neue in zahlreichen Varianten, es handle sich um »eine genußreiche und spannende Lektüre«. In solchen Formulierungen, noch stereotyper als die Romane, spiegelt sich eine wichtige Funktion dieses Lesestoffes: Genuss, die sublimierte Form der Unterhaltung, dürfte für die meisten Leserinnen, Hausfrauen und Mütter im Alltag sonst wenig Platz gehabt haben. Der regelmäßig ins Haus gelieferte Zeitschriftenroman versprach eine kurze Erholung, ein paar dem Alltag abgerungene Stunden zur Pflege des eigenen Selbst. Und zwar mit eben jener Regelmäßigkeit und Zuverlässigkeit, mit der der Kolporteur Woche für Woche vor der Haustür stand.

Mit Beginn des Jahres 1926 war die Mitarbeit Courths-Mahlers an der ›Hausfrau‹ beendet, obwohl die Zeitschrift noch bis 1941 Bestand hatte. Der Rothbarth-Verlag, der drei Viertel ihrer Romane als Buch herausbrachte, kooperierte seit dieser

schrieben. Alle Texte erschienen danach in Buchform in der Reihe »Mädchenbücher« des gleichen Verlages. Neben Courths-Mahler war in der ›Mädchenpost‹ häufig Adele Elkan als Autorin vertreten, aber auch Frida Schanz und Helene Böhlau steuerten Erzählungen bei. Die Aufmachung der ›Mädchenpost‹ ähnelte der der ›Hausfrau‹, sie hatte allerdings ein handlicheres Format. Auch die Strategien der Leserbindung in beiden Blättern ähnelten sich, wobei die Fortsetzungsromane nur ein – allerdings bedeutsamer – Punkt eines ganzen Ensembles waren. Das Konzept lief insgesamt darauf hinaus, möglichst umfassend die sozialen Interessen und Beziehungen der Leserinnen ins Blatt einzubeziehen. Die Redakteurin, Helene Battista, initiierte als »Briefkastentante« regelmäßig die Gründung von »Nichtenclubs« junger Leserinnen überall in Deutschland, sie vermittelte Adressen und erteilte Ratschläge. »Tante Helene« fungierte als soziales Bindeglied innerhalb der Leserschaft. Jede Nummer brachte, zur Förderung der Identifikation mit dem Blatt, auf den Heftumschlägen einige Fotografien junger Leserinnen. Die Orte, aus denen Leserbriefe an die Redaktion gelangten, waren breit gestreut, allerdings mit einem deutlichen Übergewicht der Städte. Die verwendeten Decknamen der jungen Leserinnen spiegeln deren idealisiertes Selbstverständnis: Rose vom Haff und Irrwisch, Stoppelhopser, Windröslein und Wally die Leseratte. In beiden Blättern des Hackebeil-Verlages wurde wechselseitig füreinander geworben, vermutlich gingen viele der jungen Abonnentinnen der ›Mädchenpost‹ im fortgeschrittenen Alter zur ›Hausfrau‹ über. Damit konnte Hackebeil Leserinnen etwa ab dem zehnten Lebensjahr an den Verlag binden. Hedwig Courths-Mahlers Fortsetzungsromane hatten daran wesentlichen Anteil.

Zeit eng mit den Verlagen Ewald & Co. Nachf. und »Verlag moderner Lektüre«, wo eine Reihe neuer Zeitschriften gegründet wurde. Die Inhaber von Ewald & Co. Nachf. waren dieselben wie beim Rothbarth-Verlag: Paul Meuche und Ernst Karl Lurt Lange. Für Courths-Mahlers Hausverlag bestand damit jetzt die Möglichkeit, auch an den Vorabdrucken, die bislang anderen Unternehmen zugute gekommen waren, zu profitieren. Ewald & Co. Nachf. gaben ›Im traulichen Heim‹ und ›Illustrierte Roman-Welt‹ heraus, später kamen weitere Neugründungen bzw. Abspaltungen, teils in geänderten Formaten, hinzu: ›Mein Familienheim‹ (1.1926–2.1927) bzw. ›Das Familienheim‹ (6.1927) bzw. ›Familienheim‹ (10.1935), ›Ich bin dein‹ (1.1929–5.1933), ›Nehmt mich hin‹ (1.1930–3.1932), ›Für Herz und Heim‹ (1.1930–20.1.1941) bzw. ›Für Herz und Haus‹ (1.1929) und ›Freude ins Haus‹ (1.1932–2.1933). Außerdem gab es 1931 einen ›Haus- und Familienkalender‹ mit dem Titel »Für Herz und Heim«. Auch diese Titel erschienen bei Ewald & Co. Nachf. bzw. bei Vobach & Co. und im »Verlag moderner Lektüre«. Verantwortlicher Redakteur der Zeitschrift ›Für Herz und Heim‹: Paul Meuche.

›Im traulichen Heim‹ und ›Illustrierte Roman-Welt‹ waren reine Romanzeitschriften. Die an Familienblättern orientierten redaktionellen Zusätze dienten nur noch als Platzfüller. Abonnenten erhielten pro Jahr auf nahezu tausend Seiten zu einem Komplettpreis von 13 Mark zehn Romane. Für denselben Preis hätten die Leser nur vier, höchstens fünf Romane in Buchform kaufen können.

Abgesehen vom erotischen Aspekt stand den Autoren

46 ›Was wir wollen‹. Lieferungsumschlag von ›Im traulichen Heim‹, 1. Jg., 1. Heft

Reine Romanzeitschriften gab es in Deutschland seit 1866. Otto Jankes ›Roman-Zeitung‹ hatte diesen Geschäftszweig zu einem florierenden Gewerbe ausgebaut, so dass um 1900 in Deutschland mehr als ein Dutzend solcher Blätter existierten, die häufig schon im Titel ihren Lesestoff signalisierten. Sie hießen ›Deutsche Romanbibliothek‹, ›Illustrierte Romanbibliothek‹, ›Die Romanwelt‹ oder eben ›Deutsche Romanzeitung‹. Ewalds ›Im traulichen Heim‹ und ›Illustrierte Roman-Welt‹ trafen auf einen vorbereiteten Markt, der sich allerdings nach den Inflationsjahren in einem Umbruch befand, so dass Neugründungen Aussicht auf Erfolg hatten. Tatsächlich bereiteten erst Faschismus und Krieg den Blättern ein Ende. Die ›Illustrierte Roman-Welt‹ ging 1933 in ›Im traulichen Heim‹ auf. Der sechste Jahrgang der ersteren ist identisch mit dem achten Jahrgang der zweitgenannten Zeitschrift. Der angekündigte siebte Jahrgang der ›Illustrierten Roman-Welt‹ erschien nicht mehr, sein Inhalt bildete den neunten Jahrgang von ›Im traulichen Heim‹. Die »Firma« Courths-Mahler war auch für diese Zeitschriften die Hauptbeiträgerin. Ähnlich produktiv waren allerdings auch andere Autoren, etwa Aja Berg, Erich Ebenstein, Paul Hain und Hanna Schneider. In der Regel erschienen pro Jahrgang zwei Courths-Mahler-Romane, in manchen Jahren kam noch ein Roman der Töchter Frieda Birkner oder Margarete Elzer hinzu. Insgesamt brachte ›Im traulichen Heim‹ zwischen 1925 und 1936 21 Romane von Hedwig Courths-Mahler, die ›Illustrierte Roman-Welt‹ zwischen 1927 und 1933 elf. Weitere Romane von ihr erschienen in den erwähnten Nebengründungen des gleichen Verlages. In der programmatischen Einführung zum ersten Heft von ›Im traulichen Heim‹ heißt es: »Mann und Frau verbringen den lieben langen Tag mit Arbeit und Mühsal, sich und ihren Kindern den Lebensunterhalt zu schaffen. Aber der Mensch lebt nicht von Brot allein. Auch der Geist verlangt nach Nahrung und Erquickung. Aber, mag auch die Feierstunde gekommen sein, so ist dennoch nicht immer Gelegenheit zu anregender Unterhaltung geboten, die Herz und Seele über den grauen Alltag hinwegführt. Hier nun möchten wir einsetzen, indem wir mit unserem reich ausgestatteten Familienblatt über jede Schwelle schreiten. Erzählen hören wir alle schon in Kindertagen gern, und die Neigung, sich über Unbekanntes zu unterrichten, das Verlangen, von Erlebnissen und Schicksalen anderer zu hören, bleibt dem Menschen sein ganzes Leben hindurch treu. Darum lassen wir es uns angelegen sein, unser neues Familienblatt reichlich mit Romanstoff zu versehen.«

Zur Funktion der Courths-Mahler-Romane für das weibliche Publikum heißt es in einer Besprechung des Romans ›Magdalas Opfer‹: »Wodurch hat Courths-Mahler ihre große Popularität erlangt? Worauf gründet sich ihr Einfluß auf alle Frauen und jungen Mädchen? Hundertmal ist diese Frage bereits aufgeworfen und [...] beantwortet. Wenn auch wir versuchen wollen, eine [...] Antwort zu geben, liegt das Geheimnis ihres Erfolges darin, daß sich ihr wie keiner anderen zeitgenössischen Schriftstellerin das Rätsel der weiblichen Psyche offenbart hat, daß keine andere Schriftstellerin wie sie dem Schlage des weiblichen Herzens zu lauschen versteht.«

von Zeitungsromanen durchaus eine gewisse inhaltliche
Bandbreite zur Verfügung. ›Der Sohn des Tagelöhners‹ erschien 1910 in der ›Freya‹ mit dem doppeldeutigen Untertitel
»Erzählung aus dem Leben von Courths-Mahler«. Das fehlen-
de Komma nach »Leben« suggeriert einen autobiografischen
Bezug, den die Erzählung allerdings nicht einlöst. Ähnlich
war schon 20 Jahre zuvor der Münchmeyer-Verlag mit dem
Kolportageroman ›Der verlorne Sohn‹ von Karl May verfahren. Zu dieser Ikone populärliterarischer Traum- und Auf-
stiegsfantasien bietet der Courths-Mahler-Roman auch inhaltliche Parallelen: den Werdegang des mittellosen Tagelöhner-
waisen Fritz Hartmann zum gefeierten Baumeister. In dem
Kontrast von adligem Hochmut und proletarischem Selbstbe-
wusstsein versammelt sich ein gerüttelt Maß an klassenkämp-
ferischer Substanz – ganz im Sinne Ernst Blochs, der das Um-
sturz- und Auflehnungspotenzial der Kolportage betonte.
»Der Tagelöhnerjunge war für die Herrschaft nur ein Ding, eine Sache, die man nach Bedarf braucht oder in die Ecke stellt«,
heißt es bei Courths-Mahler. Doch Fritz ist begabt und findet
eine engagierte Lehrerin. »Lernen kann der Fürst und der Ta-
gelöhner, *die* Freiheit haben wir Gott sei Dank. Und dagegen
kann sich auch Herr von Bredow von Rechts wegen nicht
sträuben.« Der alten Mamsell Säuberlich, die im patriarchali-
schen Weltbild verharrt, antwortet Fräulein Haller, die coura-
gierte Gouvernante: »Das ist durchaus nicht in Ordnung. Wo
bliebe denn da das Streben der Menschheit? Mancher hochge-
sinnte Geist, der Großes voll-
bracht hat, stammt aus einfa-
chen Arbeiterkreisen. Sie
sind entschieden rückständig
hier in Bredow, liebste Mamsell. Draußen in der Welt regt

47 Hedwig Courths-Mahler
in ihrer Bibliothek (Knesebeckstraße). Fotografie

sich ein anderer Geist. Wohl gibt es auch draußen noch Despo-
ten, wie der gnädige Herr in Bredow einer ist, aber der gesun-
de, starke Volksgeist reckt sich gewaltig und wirft allenthalben
die Fesseln ab.« Und natürlich macht Fritz seinen Weg, er wird
ein genialer und berühmter Baumeister und heiratet seine Pfle-
geschwester Ria von Bredow, während der adlige Gegenspieler
im Spielcasino von Monte Carlo erschossen wird. »Was ein
tüchtiger Mensch so recht von Herzen will und wofür er all seine Kraft einsetzt, das kann er auch durchführen.«

Eine in anderer Weise bemerkenswerte Erzählung ist ›Das
Gänsemädchen von Dohrma‹, die 1910 in ›Freya‹ erschien.
Hier werden der jüdische Händler Veitel Samuel und sein
Sohn Isaak dem jähzornigen Grafen und dessen verzogenem
Sohn gegenübergestellt. Die Juden sind bescheiden, höflich,
geduldig, ehrlich und klug. Zwar denkt Veitel zeitweilig daran, sich am Grafen und seinem Sohn für erlittene Demüti-
gungen zu rächen, doch letztlich siegen Humanität und jüdische Nächstenliebe. Beim Happy End, der Hochzeit des
Grafensohnes mit der Titelheldin, hat der Jude einen Ehren-
platz inne, als anerkannter Fachmann in Gelddingen und zugleich als väterlicher Freund. Die philosemitische Tendenz
unterscheidet sich deutlich von der Mehrzahl unterhaltungs-
literarischer Produkte in dieser Epoche. Doch entscheidend
ist, »daß […] den Juden keinesfalls zugemutet wird, sich die
Anerkennung der christlichen Gesellschaft durch die Taufe
zu erkaufen«. (Horch) Jüdische Identität kann sich erhalten,
ohne als Außenseitertum markiert zu werden; Eintrittskarte
in die zeitgenössische deutsche Gesellschaft sind Menschlich-
keit und Verständigungswillen, nicht Eigenheitsverzicht und
Assimilationsbereitschaft um jeden Preis.

48 ›Illustrierte Romanwelt‹ (2. Jg.,
Nr. 1). Detail

»Keine engherzige Prüderie«

»Es war, als sei ihre Seele losgebunden von einem schmerzvollen
Zwange und reiße den Körper mit los von allen Banden.«
›Der Mut zum Glück‹, 1924

Kurz nach der Doppelhochzeit zieht Familie Courths von Karlshorst nach Berlin. In der Knesebeckstraße 12 in Charlottenburg, 2. Stock (Ecke Goethestraße, direkt am Steinplatz), wird eine 190 Quadratmeter große Fünfzimmerwohnung auf der Beletage gemietet. Von 1916 bis 1933 lebt die Schriftstellerin hier mit ihrem Mann.

Berlin – das ist in den 10er und 20er Jahren bewegtes Theaterleben, Straßenverkehr, der Kaiser hautnah, das ist Kempinski, Unter den Linden, das ist Flanieren, Sehen und Gesehenwerden, das ist sinnlicher und intellektueller Genuss. Viele ihrer Romane aus dieser Zeit spielen ausdrücklich in und mit dieser Stadt, bieten den Lesern immer wieder konkrete Identifikations- und Erinnerungspunkte.

Doch der Erste Weltkrieg hat begonnen und die damit einhergehende Lebensmittel-

49 Familie Courths in Berlin,
Knesebeckstraße. Fotografie

»Hier herrscht etwas wie Wohlhabenheit und Gediegenheit«, schreibt ein Besucher. »Stil um 1900 herum, mit einigen Anläufen ins Moderne. An der Wand prangt ein riesiges Rokokobild, ein Zwischending zwischen Madame Dubarry und der Madame Pompadour, sehr farbig, sehr rot, sehr teuer.« Ein anderer: »Große, vom Geist der Dichterin erfüllte Räume mit Bildern, Tischen, Kommoden, Sofas und Nippes! Alles wenig modern, fern der Zentralheizung.«

knappheit bekommt auch die Schriftstellerin zu spüren. »In dieser Zeit tiefster Not, die in Deutschland herrschte, war ein
gutes Mittagessen auch für bemittelte Leute eine seltene gute
Gabe Gottes.« (›Der Mut zum Glück‹) Sie ist zwar mittlerweile berühmt, wird auf der Straße erkannt, verschickt Auto-
grammkarten und unterhält in ihrer neuen Wohnung eine Art
literarischen Salon. Doch als ihr schwedischer Verleger Chelius
sie einmal in Berlin besucht, ist er schockiert, wie mager sie
aussieht, und schickt ihr fortan den ganzen Krieg hindurch zu
jedem Wochenende pünktlich ein Päckchen mit nahrhaften Ra-
ritäten. Gegen Ende des Ersten Weltkrieges kommen solche
Versorgungspakete von einem jungen Zahnarzt aus Polen,
dem Hedwig Courths-Mahler einmal geholfen hatte und der
nun in Polen an einer Nahrungsquelle sitzt. Er schickt Butter,
Eier, Speck für die ganze Familie. Diese Gaben werden mit allen Freunden geteilt, in erster Linie sind das Schauspieler der
Berliner Theater. Käthe Haack beispielsweise und der junge
Schauspieler des Lessingtheaters, Curt Goetz (1888–1960), werden zu Rühreiern und Buttercreme eingeladen.

Hedwig Courths-Mahler war eine leidenschaftliche Köchin.
Mahlzeiten herzustellen, auch für große Gesellschaften, war
für sie bis ins hohe Alter ein sinnlich-alchimistisches Vergnügen. Wenn es bei einem Manuskript hakte, was sogar bei ihr
gelegentlich vorkam, stellte sie sich zwei Stunden in die
Küche und zauberte Mahlzeiten für sich und ihre Lieben. Sie
hielt sich zwar seit der Chemnitzer Zeit stets zwei Haushalts-
hilfen, aber nie eine Köchin. Im Zweiten Weltkrieg zog sie sich
in der ungeheizten Küche am Tegernsee einen alten Pelz an,
dessen Futter sie nach außen gewendet hatte, nur um nicht auf
ihre zweitliebste Beschäftigung verzichten zu müssen.

Auch ihre Bücher aus dieser Zeit thematisieren den Krieg.
Sie haben aber nichts von der chauvinistischen Raserei, die

»Unter den Linden war reger Verkehr. Die kaiserliche Familie wurde von
der Ausfahrt zurückerwartet. Da stauten sich die Menschen. Als die Freunde bis zu Schulte gekommen waren, sahen sie einen dichten Menschen-
knäuel vor dem Kunstinstitut stehen um ein Automobil vom Hofe. Gleich
darauf kam der Kronprinz mit seinen drei Brüdern heraus von Schulte. Nur
Prinz Albert fehlte, der zurzeit im Süden weilte. Lachend und freundlich
für die Grüße dankend, stiegen die Söhne des Kaisers in das Automobil. Es
war sehr klein, sie mußten eng zusammenrücken, fast aufeinander sitzen.

Von Curt Goetz [eigtl. Götz], der später als Verfasser von Komödien viel Erfolg hatte (›Dr. med. Hiob Prätorius‹, 1934; ›Das Haus in Montevideo‹, 1954) erschien damals das erste Theaterstück. Die Buchausgabe schenkte er Hedwig Courths-Mahler, die ihm gegenüber ein wenig die Rolle der Adoptivmutter einnahm, mit kulinarischer Widmung: »Man soll Gleiches mit Gleichem und ›Ausgelassenes‹ mit Ausgelassenem vergelten. Drum nehmen Sie liebe Frau Courths-Mahler dies ›halbe Pfündchen‹, mehr ist es nicht geworden, in aufrichtiger Verehrung entgegen von ihrem ergebenen Curt Götz. Weihnachten 1918.«

den größten Teil der deutschen Bevölkerung, einschließlich der sozialdemokratischen, erfasst hatte. Am Ende von ›Griseldis‹ (1916) bricht »der fürchterliche Krieg aus, der fast alle europäischen Länder in Mitleidenschaft zog«, Ehemann Graf Harro wird Offizier, überlebt aber. ›Die Kriegsbraut‹ (1915), eine spannende Spionagegeschichte, enthält eine Fülle konkreter Zeitangaben zum Kriegsbeginn, Zeitungsberichte werden zitiert und Passagen aus einer Rede Wilhelms II. wiedergegeben. Heute weiß man, dass das hochadlige Offizierscorps die Kriegslaune des Kaisers durch unzureichende Informationen geschürt hat, freilich musste man ihn nicht lange bitten. Bei Hedwig Courths-Mahler, befangen in den Wahrnehmungen ihrer Zeit, liest sich das noch anders: »Trotzdem versuchte Kaiser Wilhelm die Kriegsgefahr mit Einsatz all seiner Kräfte von Deutschland abzuwenden.« Sie mochte nicht glauben, dass »höchste Stellen« lügen. Selbst durchaus kein autoritärer Charakter, vertraute sie der moralischen Integrität des monarchischen Prinzips. Curt Goetz sagte später über sie: »Sie war natürlich keineswegs dumm oder engstirnig. Aber sie war eben dazu erzogen worden, patriotisch zu sein, und so hielt sie den Krieg, wenn schon nicht, wie man es von den Patrioten verlangte, für etwas Wunderbares, so doch für ein notwendiges Übel.«

Das machte ihnen Spaß und dem angesammelten Volke auch. Endlich fuhr das Automobil davon. Gleich darauf fuhr auch des Kaisers Automobil über die Linden. Die beiden Majestäten und Prinzeß Viktoria saßen darin. Equipagen und Droschken jagten hintereinander her. Dazwischen Automobile und andere Fahrzeuge. Auf dem breiten Gehweg schoben die Menschen auf und ab. Verkäufer von Zeitungen und großen Büscheln Veilchen boten ihre Waren an. Es war ein buntes, bewegtes Bild.«

›Die Testamentsklausel‹ (1915)

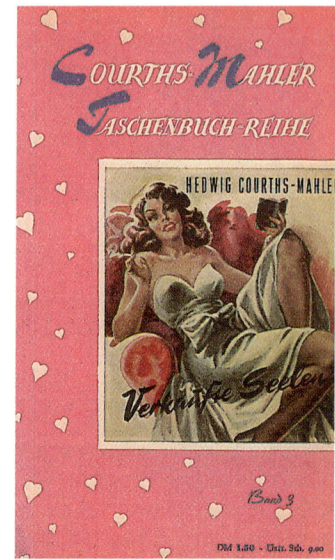

50, 51 Romanumschläge aus den 50er Jahren

Seit August 1914 lief in der ›Hausfrau‹ Courths-Mahlers Roman ›Die schöne Miß Lilian‹. Offenbar als Reaktion auf die
antibritische Kriegspropaganda wurde der Titel im Dezember
in ›Miß Lilian, die schöne Deutsch-Amerikanerin‹ geändert.
Doch je länger der Krieg dauerte, desto mehr ging Courths-
Mahler auf Distanz zum Hurra-Patriotismus. In ›Das Recht
auf Glück‹ (Buchausgabe 1924, entstanden vermutlich 1919)
schildert sie eindrucksvoll Sorgen und Nöte der Bevölkerung
am Ende des Krieges. Finanziell gehörte sie selbst allerdings
eher zu den Kriegsgewinnlern. Der Rothbarth-Verlag hatte

In ›Der tolle Haßberg‹ (1916) wird die Stimmung bei Kriegsausbruch
im August 1914 thematisiert: »Durch das offene Fenster drang die warme
Sommerluft und ein leises, fernes Geräusch von dem Leben da draußen.
Aber dieses leise Geräusch wurde plötzlich übertönt von einem schnell
anwachsenden Sausen und Brausen. Es war, als wenn zahlreiche Men-
schenstimmen durcheinander klangen. [...] Da klärte sich das unbegreifli-
che Durcheinander draußen zu einem feierlichen, mächtig ergreifenden
Klang. Es war ein brausendes Lied, von vielen hundert Kehlen aus
begeisterten Herzen gesungen! ›Deutschland, Deutschland über alles!‹
[...] ›Der Krieg ist da, Regina. Der Kaiser hat den Kriegszustand befohlen.

Einige ihrer Romane in diesen Jahren gehören zu den meistverkauften Büchern Deutschlands überhaupt. An der Spitze liegt ›Die schöne Unbekannte‹ (1918) mit einer Gesamtauflage von 1110760 Exemplaren, dahinter ›Die ungeliebte Frau‹ (1918) mit 1039474, ›Ich will‹ (1915) mit 972988 und ›Der Scheingemahl‹ mit 766596 bis 1941 verkauften Exemplaren. Die weiteren Courths-Mahler-Hits dieser Jahre waren ›Gib mich frei‹ (1912): 402000, ›Was Gott zusammenfügt‹ (1913): 402000, ›Des andern Ehre‹ (1912): 349000, ›Käthes Ehe‹ (1914): 342000, ›Die Testamentsklausel‹ (1915): 325000, ›Lena Warnstetten‹ (1916): 295000 (alle bis 1919). ›Sein Kind‹ (1919), ›Verschmäht‹ (1920) und ›Die Adoptivtochter‹ (1919) hatten (bis 1941) Gesamtauflagen von 486640, 373174 und 324185 erreicht. Allein für ›Die schöne Unbekannte‹ erhielt die Autorin ein Honorar von 113000 Mark (nach anderer Quelle 194000).

52 Originalumschlag des Romans ›Des andern Ehre‹ (1912)

begonnen, ihre Romane in Postkartengröße zu drucken: Auf dem Titel befand sich der Vordruck ›Für Feldpostsendungen‹, diese literarischen »Briefe« gingen zu Hunderttausenden hinaus zu den Soldaten. Als Reaktion von der Front erhält sie Unmengen von Leserbriefen. Ein Grenadier schreibt ihr aus Flandern: »Sie sind es, die uns das gibt, was wir so sehr entbehren. Ihre unvergleichlichen Romane vermitteln uns jene herzenswarme Innigkeit, deren Zeitalter, wie uns scheinen will, durch die Schützengräben für immer verlorengegangen ist.« Ein anderer Soldat schreibt: »Ohne Ihre Bücher, ohne Ih-

Morgen ist der erste Mobilmachungstag. Nun wird es ernst. Rußland hat das Ultimatum des Kaisers unbeantwortet gelassen. Die Frist ist abgelaufen.‹ [...] Die Dienstboten hatten sich in der Vorhalle versammelt und stimmten in das von draußen hereinschallende Lied mit ein, das die deutschen Herzen jetzt wie ein Gebet erhob. ›Deutschland, Deutschland über alles.‹ [...] Die Erregung der Menschen erschütterte sie wohl, aber an ihrer Begeisterung konnte sie nicht teilnehmen. Draußen flammte die Begeisterung immer höher empor. Noch bis zum späten Abend hörte man die Menge patriotische Lieder singen. Der Krieg war wirklich da.«

53   Hedwig Courths-Mahler mit
ihren Töchtern in Italien. Fotografie

re liebenswerten Romanhel-
den wäre das Leben an der
Front unter uns rauhen Männern unerträglich. Für Stunden verzaubern Sie diese
düstere, verzweifelte Welt in
ein lächelndes Paradies voll
gutmütiger Kerle und faszi-
nierender Frauen.«

Die Familie Mahler-Elzer-
Birkner hat sich unterdessen zu einer weiblichen Produkti-
onskooperative in Sachen Literatur entwickelt. Hedwig hat
nie eine Sekretärin beschäftigt, bei Korrekturen und Schriftwechsel helfen ihr die Töchter. Wann genau diese selbst zu
schreiben begonnen haben, ist ungeklärt. Die einschlägige Bibliographie verzeichnet Margarete Elzers ersten Roman 1921
(›Traumschloß‹), Friede Birkners 1922 (›Die blonde Hindu‹).
Doch wird man auch hier für den eigentlichen Beginn vier bis
fünf Jahre zurückgehen müssen. ›Die blonde Hindu‹ sei 1919
in der ›Berliner Morgenpost‹ (Ullstein) abgedruckt worden,
hat Birkner später erzählt, und Margaretes erster Roman, ›Die
Fahrt ins Glück‹, sei 1916 in einer Filmzeitschrift abgedruckt
worden. Margarete Elzer gab im Fragebogen der Reichsschrifttumskammer an, ihre erste Veröffentlichung sei 1912
die Novelle ›Die Andere‹ im Verlag Gebrüder Reichel (Augs-
burg) gewesen. »Später wurde ich Schülerin meiner Mutter
und im Verlauf meiner Fortschritte auch ihre Mitarbeiterin.
[...] Berufstechnisch und in geschäftlichem Sinn hatten wir na-
turgemäß weitgehende und helfende Einblicke, zumal wir ja

Margarete Elzer notierte 1952: »Etwas über die Arbeitsweisen unter uns
dreien. Z. B. verwendete ich die Skizze ›Der Zuchthausdirektor‹ [in: ›Sommerfrische‹, 1921] [von] H.C.M. zu meinem Roman ›707‹ [1949], eine Skizze
meiner Mutter, ›Der Mustermensch‹, zu der Novelle ›Haus Taxenburg‹
[›Auf der Taxenburg‹, 1927]. Dagegen nutzte meine Mutter meine Novelle
›Das Armband‹ in einem ihrer Romane aus und ebenso ›Mein Vormund‹.
Manche Arbeiten hatten die gleiche Quelle, wie von meiner Mutter ›Da sah
er eine blonde Frau‹ [1932] und von mir ›Marie entscheide dich‹ [1933]. Von

in allen technischen Dingen stets Gehilfinnen unserer Mutter waren.« Wie weit die Gehilfinnentätigkeit ging, zeigt ein Blick in Verlagsverträge bzw. Belegexemplare. Am 22. August 1916 schloss Hedwig Courths-Mahler mit dem Rothbarth-Verlag einen Vertrag über zwei Skizzenbände, »enthaltend Skizzen von Frau H. Courths-Mahler sowie einige verfaßt von de-

54 Margarete Elzer geb. Courths. Fotografie

ren beiden Frau Töchtern«. Die Sammlungen ›Ein deutsches Mädchen‹ und ›Meine Käthe‹ (beide 1917) enthalten vermutlich je vier Erzählungen von Margarete Elzer. Das Nachlass-Exemplar der erstgenannten Sammlung, die allein unter dem Namen der Mutter erschienen ist, enthält

55 Friede Birkner, geb. Courths. Fotografie

meiner Schwester nahm meine Mutter die kleine Erzählung ›Stellvertreterin‹ zu einem großen Roman [›Die Stellvertreterin‹, Novelle; 1920], und meine Schwester nahm den gleichen Stoff noch einmal zu ihrem ›Handschuhkarlchen‹ [›Handschuhkarlchen und Kamerad Röschen‹, 1939]. Meine Erzählung ›Überfall‹ war die Grundlage für meinen Roman ›Armer Schmetterling‹ [1929], und eine realistische Novelle, die jetzt von mir ausgearbeitet wurde für ein Magazin, ›Eveline und die Männer‹, findet Verwendung bei meiner Mutter [in] ›Wo du hingehst‹ [1925].«

56 Courths-Mahler zwischen Kitsch und Kunst. Karikatur

die Widmung: »Meiner Mitarbeiterin, Frau Marg. Elzer-Courths, der Autorin einiger Skizzen aus diesem Band«, und die zweitgenannte Sammlung enthält zwei Texte mit den beiden Verfasserangaben A. Courths und M. Courths. Damit war für den zeitgenössischen Leser zumindest der Familienbezug hergestellt. Auch die Courths-Mahler-Erzählungen ›Betrogene Liebe‹ (1924) und ›Hannelores Ideal‹ (1926) stammen in Wirklichkeit von Margarete Elzer.

Nichts lag näher, als Courths-Mahler zu verfilmen. So war es in den 10er und 20er Jahren und wieder in den 50er und in den 70er Jahren. Zwischen 1917 und 1925 entstanden 21 Filme nach Vorlagen der Autorin, von denen 17 noch nachweisbar

57, 58 Buchumschläge der 20er und 30er Jahre mit Filmmotiven

sind. Die meisten wurden produziert von der deutsch-däni-
schen Produktionsfirma ›Nationalfilm‹, die in Berlin ihre Stu-
dios hatte. Zur gleichen Zeit entstanden dort Verfilmungen
sämtlicher Marlitt-Romane (1917–1919) und mindestens sechs
nach Vorlagen von Wilhelmine Heimburg (1918/19). Beim ersten Courths-Mahler-Film, ›Die wilde Ursula‹, führte Georg V.
Mendel die Regie, die Regisseure der anderen Courths-Mahler-
Filme waren Heinz Sarnow, Franz Eckstein, Erik Eriksen und
Arthur Bergen. Bei fünf Filmen (›Durch Liebe erlöst‹, ›Griseldis‹, ›Was tat ich Dir?‹, ›Opfer der Liebe‹, ›Deines Bruders
Weib‹, alle 1921) stammte das Drehbuch von Rosa Porten. Für
›Das Halsband‹ wird Franz Porten als Verfasser des »Manus-
kriptes« genannt. Karl Elzer, Schauspieler und seit 1915 Schwie-

59 Hedwig Courths-Mahlers
Schwiegersohn Karl Elzer mit
Henny Porten im Film. Fotografie

gersohn von Hedwig Courths-Mahler, spielt in vier ihrer Verfilmungen mit (›Dein ist mein Herz‹, 1920; ›Opfer der Liebe‹,
1921; ›Gib mich frei‹, 1924; ›Die Assmanns‹, 1925).

Manchmal ist Hedwig anwesend, wenn ihre Romane verfilmt werden. Einmal nimmt Rosa Porten sie mit ins Neben-
atelier, wo ihre Schwester Henny gerade eine Liebesszene
dreht. Hedwig schüttelt den Kopf und meint: »Wie man nur
bei soviel Drähten und Kabeln noch von ›Liebe‹ reden kann.«
Dabei haben ihre eigenen Romane durchaus Ähnlichkeit mit
filmischen Techniken – die Sprache der Blicke, die melodra-
matische Zuspitzung, der pointierte Dialog, die eindrucksvol-
len, oft »schiefen« Bilder usw.: Sie war, was sie auch immer

wieder bekannt hat, nicht nur eine regelmäßige Theaterbesucherin, sondern auch eine leidenschaftliche Kinogängerin. In der Charlottenburger Wohnung hingen zahlreiche Fotos von Schauspielern an den Wänden, und die frühen Filme von Lang, Lubitsch und Pabst kannte sie offensichtlich bestens. Sie selbst verglich sich manchmal mit der »Traumfabrik« Film: »Ich habe nichts anderes getan als später der Film: Ich habe schwer arbeitenden Menschen jenes Leben gezeigt, nach dem immer ihre Sehnsucht ging, das sie jedoch nie kennenlernen würden. Ich habe Märchen für große Kinder erdacht.«

In den anderthalb Jahrzehnten nach dem Ersten Weltkrieg beteiligt sich Hedwig Courths-Mahler besonders rege am gesellschaftlichen Leben Berlins. Sie besucht weiterhin regelmäßig die Berliner Theater, hat durch ihre beiden Schwiegersöhne nun auch verstärkt persönlichen Zugang zu diesen Kreisen. Als Frieda 1924 ihren zweiten Mann heiratet, Anton Bock (1884–1945), den Juniorchef des angesehenen Berliner Musikverlages Bote & Bock (von Arthur Menzel wird sie 1919 geschieden), eröffnet sich der Familie auch der Zugang zum hochkarätigen Musikleben Berlins. Durch seinen Vater, Kommerzienrat Hugo Bock, der als Musikverleger Rubinstein, Offenbach, Puccini und Verdi noch persönlich kannte, hat sie die berühmtesten Zeitgenossen aus der Musikwelt kennengelernt, u. a. auch Max Reger und Franz Lehár. Bei der Musikagentin Luise Wolff lernt Hedwig 1925 den elfjährigen Violinwunderknaben Yehudi Menuhin kennen, der sich artig verbeugt und sie anlächelt. Später sagt sie: »Selbst wenn ich englisch sprechen könnte, ich wüßte nicht, was ich diesem Kinde sagen sollte. Der Knabe ist ja viel klüger wie ich.« Im gleichen Haus lernt sie die Dirigenten Furtwängler und Arthur Nickisch kennen, und im provisorischen Berliner Heim der Witwe von Johann Strauß trifft sie Erich Kleiber, ebenfalls

◀ 60 Buchumschlag der 50er Jahre

einer der bedeutendsten Dirigenten seiner Zeit. Er klimpert, um sich die Langeweile zu vertreiben, die ›Wiener G'schichten‹ von Strauß auf dem Klavier und flüstert der Autorin, die zufällig neben ihm steht, zu: »Der ganze moderne Kram kann mir gestohlen bleiben. Aber nichts verraten, Frau Courths-Mahler, das bleibt unter uns.« Anlässlich eines Konzerts mit der Hamburger Sängerin Rose Ader lernt sie im Esplanade-Hotel den weltberühmten Tenor Benjamino Gigli kennen, von dessen Natürlichkeit sie besonders eingenommen ist. Während eines Gastspiels in Berlin spricht Hedwig Courths-Mahler gegenüber Louise Dumont, die 1905 das Düsseldorfer Schauspielhaus gegründet hatte und selbst eine große Schauspielerin war, ihre Bewunderung aus. »Was bewundern Sie mich?«, sagte die Schauspielerin. »Sie selbst haben so viel

61 Tee bei Courths-Mahlers mit Anton Bock, Professor Becce, Hedwig Courths-Mahler und ihren Töchtern Frieda und Margarete, Frau Bock sowie Fritz Courths (v.l.n.r.). Fotografie

62 Josephine Baker (1906–1975). Fotografie ▶

In den 20er Jahren fährt die Schriftstellerin gelegentlich mit ihren Töchtern und Schwiegersöhnen nach Paris. Anton Bock als Musikverleger ist 1926 bei Marc Henri, der für die D'Albert-Oper ›Die toten Augen‹ das Libretto geschrieben hatte, eingeladen, und sie muss mit. Auf dem Empfang trifft sie die Sängerin Mistinguett (Jeanne Bourgeois), die vor allem im Moulin Rouge berühmt wurde mit sehnsuchtsvollen Chansons vom Ausbruch aus der Tristesse des Alltags. Hedwig bewundert die Jugendlichkeit und Quirligkeit der nur sechs Jahre jüngeren Sängerin. Als ihr Schwiegersohn der Sängerin die Bewunderung übersetzt, wendet diese sich lächelnd an Hedwig und sagt in gebrochenem Deutsch, vertraulich von Frau zu Frau:»Der Liebe, immer nur der Liebe, Madame, und immer einer anderer, das halten jung!« Hedwig:»Charme hat diese Frau, da gibt es keinen Zweifel.« Anekdoten wie diese hat Friede Birkner immer gerne über ihre Mutter erzählt. Diese Tochter hat es ganz offensichtlich genossen, am Glanz ihrer Umgebung teilzuhaben, am berühmten Namen der Mutter und dem prachtvollen Musikleben, das Anton Bock ihr eröffnete. Die Anekdoten sagen manches über Hedwig, aber mehr über Frieda; sie zeigen die Mutter im Blick einer forschen, etwas geltungssüchtigen Tochter, die sich manchmal der naiven Bescheidenheit ihrer Mutter geschämt haben mag und dabei selbst einen tief sitzenden Minderwertigkeitskomplex nicht zu verbergen wusste. Während eines anderen Aufenthalts in Paris begleitet Hedwig ihre Tochter ins Atelier der Fotografin Madame D'Ora. Frieda kennt die Arbeiten der Fotografin aus der Ullstein-Zeitschrift ›Die Dame‹, und sie will sich jetzt ebenfalls in diesem Stil fotografieren lassen. Im Atelier, wie es der Zufall will, gehen gerade Aktaufnahmen vor sich:»Auf einem mit braunem Samt bezogenen Postament kniete eine nackte Frau, ebenso braun-glänzend wie Bronce, das gelackte Haar glatt an den edlen Kopf angelegt, die schlanken Arme vorgestreckt und in den langfingrigen orchideenähnlichen Händen eine große goldene Kugel – Josephine Baker.« 1925 war die amerikanische Tänzerin mit Nacktauftritten in den Folies Bergère schlagartig berühmt geworden. Als die Baker aufsteht, nackt und berückend schön, lächelt und verschwindet, sagt Hedwig zu ihrer Tochter:»Diese Frau war ja so unfaßbar schön in ihrer Echtheit, das werde ich nie in meinem Leben vergessen.« Jahre später besuchte sie in Berlin eine Vorstellung mit Josephine Baker, die die bekannten Bananen um die Hüften trug.

Schönes geschaffen. Das wird bleiben. Von meinen Leistungen bleiben sicher nur einige liebenswerte Erinnerungen.«

Courths-Mahler ist, seit Karlshorst und Charlottenburg, selbst zum Begriff geworden. Da sie bescheiden, geradezu unauffällig wirkt, niemandem zu nahe tritt, keinem den Raum wegnimmt, wird sie immer wieder gerne eingeladen. Man schmückt sich mit ihr, belächelt sie auch ein wenig. »Als ich einmal auf einer Berliner Gesellschaft als Tochter der Courths-Mahler vorgestellt wurde, begannen die Gäste zu lächeln. Bert Brecht mischte sich ein, fragte, was sie nur wollten, eine Courths-Mahler müsse auch sein. Das werde ich nie vergessen.« (Birkner) Am leichtesten fiel ihr der Kontakt mit Schauspielern, denn ein wenig schauspielerte sie wohl selbst ein Leben lang. Sie stellte, wenn man so will, ihr Licht notorisch unter den Scheffel und strahlte innerlich doch hell und selbstbewusst.

Schauspieler gehen in der Knesebeckstraße 12 ein und aus: Curt Goetz, mittlerweile selbst berühmt und seit 1925 auf

Gastspielreisen, Paul Hartmann, der anfangs am Deutschen Theater und später am Staatstheater Berlin Triumphe im Heldenfach feiert (›Faust‹, Kleist), dann auch durch Filme (›F.P.1 antwortet nicht‹, 1932; ›Der Tunnel‹, 1933) bekannt wird, Emil Bendow, der Komiker Paul Morgan, Gründer des ›Kabaretts der Komiker‹, bald im KZ Buchenwald ein Opfer des Naziregimes, Hans Brausewetter, Rosa Valetti, Tilla

63 Hedwig Courths-Mahler kurz nach ihrem sechzigsten Geburtstag. Fotografie

Durieux, Emil Jannings, Albert Bassermann, Emil Landa, Hans Mierendorf, Mia May, Michael Bohnen, Georg Alexander, Lucie Höflich, Käthe Haack, Paula Wessely. Hedwig verehrte Käthe Dorsch, die 1919 nach Berlin kam und als Gretchen und Rose Bernd im gleichnamigen Hauptmann-Stück große Erfolge errang. Besonders angetan war Hedwig von ihrer Rolle in dem Schauer- und Rührstück ›Evchen Humbrecht‹, wo die Dorsch sie zu Tränen rührte. Als Hedwig Courths-Mahler für ihre Erzählung ›Seine Mündel‹ 1926 das Pseudonym »Rose Bernd« wählte, hat sie dazu vielleicht die Schauspielerin inspiriert.

Auf dem ersten großen Presseball nach Krieg und Inflation, 1924, als sich *tout Berlin* in den Räumen des »Zoo« trifft, wandelt Hedwig als lebende Legende unter der Prominenz. Conrad Veit, Gussy Holl, Max Landa, Asta Nielsen, Mia und Eva May, Theodor Loos, Werner Kraus, Paul Hartmann, Mafalda Salvatini, Lotte Schöne geben sich die Ehre; Hedwig bewundert vor allem Lil Dagover im brandroten Abendkleid: »Die schönste Frau, die ich mir nur denken kann.« Schöne Frauen, sagt die Tochter, hat Hedwig immer bewundert. Die beiden Komiker Morgan und Bendow lassen sich für das ›8-Uhr-Abendblatt‹ mit Hedwig Courths-Mahler zusammen portraitieren: für die beiden ein komischer, für Hedwig ein ungezwungener und für Richard Wilde, den Chefredakteur des Blattes (ebenfalls ein Opfer des Naziregimes), ein ironischer Moment. Seine Frau Hermine liebte die Bücher der Autorin, und ihr Mann soll gelegentlich positive Kritiken darüber geschrieben haben. Als das ›8-Uhr-Abendblatt‹ im Dezember 1926 eine Umfrage zur Einrichtung eines »Weltfriedenstages« veranstaltet, kommt neben Walter von Molo, Jakob Wassermann, Robert Bosch, Baron Rothschild u.a. auch die Courths-Mahler zu Wort: »Alles, was getan werden kann, diesem Weltfrieden, dieser Völkerverständigung näherzukommen,

---

»Solange ich an einem Roman arbeite, frißt er mich auf, ich lebe ganz mit den Gestalten, die ich selber schaffe und die aus meiner Phantasie entspringen. Ich erlebe jedesmal einen schmerzvollen Abschied und empfinde eine traurige Leere, wenn ein Buch von mir fertig ist.«
Hedwig Courths-Mahler 1927 anlässlich ihres sechzigsten Geburtstages

soll und muß getan werden. Wie der Tag, der diesen Gedanken feiert, auch heißen möge – Locarno-Tag, Weltfriedenstag –, ich würde ihn mit Andacht feiern, wie den Weihnachtstag.« Die Erfahrungen des Ersten Weltkrieges haben auch in dieser zutiefst unpolitischen Seele ihre Spuren hinterlassen. Sie ist (berichtet Birkner, die selbst erklärte Deutsch-Nationale war und nach dem Krieg ihrem Rottacher Nachbarn Franz Josef Strauß huldigte) eine überzeugte Anhängerin Gustav Stresemanns, dem sie anlässlich eines Musikabends in der Villa Werner von Siemens' vorgestellt wird. Dort trifft sie auch den päpstlichen Nuntius Pacelli, den späteren Papst Pius XII.

1927 lernte Hedwig Courths-Mahler in einer Berliner Gesellschaft den siebzigjährigen Hermann Sudermann kennen, dessen naturalistische Stücke ›Die Ehre‹ (1889) und ›Es lebe das Leben‹ (1902) große Erfolge gewesen waren. Die Autorin bewundert ihn, liebt alle seine Arbeiten und sagt ihm das. Er antwortet:»Gelingt uns eine Arbeit, dann, Frau Courths-Mahler, hat doch ›es‹ in uns gearbeitet – und nicht wir. Das lese ich auch aus Ihren Arbeiten.«

Künstler bilden auch immer wieder das Personal der Courths-Mahler-Romane. Ein Polterabend:»Maler, Bildhauer, Schauspieler und Schriftsteller, die mit ihren Damen eine heitere Gesellschaft bildeten. Es war manch auffallende Persönlichkeit darunter, und der Ton, der zwischen ihnen herrschte, war ungezwungen, sogar ausgelassen fröhlich. Hier gab es keine engherzige Prüderie. Frisch und frei gaben sich diese Menschen und verstanden einander.« (›Auf falschem Boden‹) Für Hedwig, die seit Leipzig und Chemnitz immer wieder die Nähe »hochstehender Menschen« sucht, ist die Künstlergesellschaft ein idealer Zusammenschluss von Gleichen.

Eigentlich ist sie allmählich des Schreibens müde. Doch in der Inflation hat sie ihr gesamtes Vermögen verloren. Die An-

---

Hermann Sudermann erzählt Hedwig Courths-Mahler während eines Essens von einem verletzten Rebhuhn, das er auf seinem Gut in Ostpreußen einmal gerettet hat, von dem ruhig schlagenden kleinen Vogelherz in seiner Hand.

»Nie wieder hat Mutter ein Rebhuhn oder ein Täubchen essen können«, sagte später ihre Tochter Friede Birkner.

gaben über die Höhe ihrer Verluste schwanken. Von ein bis zwei Millionen Mark ist die Rede. »Wie Butter an der Sonne« sei es zerschmolzen, nach langen Jahren des Wohlstandes herrschten wieder »Not und knappe Zeit«. Als am Vormittag des Heiligen Abends 1923 der Postbote eine Geldsendung vom Verlag in der neuen Rentenmark bringt, kann sie endlich die goldene Uhr ihres Mannes aus dem Pfandhaus holen. Auch die beiden Töchter und die Schwiegersöhne erhalten jeder ein Geschenk. Prunkstück der Bescherung aber ist für die besondere Liebhaberin von Süßigkeiten eine große Bonbonniere. Darauf befindet sich ein Bild, das wie ein Symbol aus einem ihrer Romane wirkt. »Auf nachthimmelblauem Grund schwebte über einem strahlenden Licht ein Stern.« Das Bild aus der Bonbonschachtel mit dem strahlend aufgehenden Stern vor nächtlichem Dunkel überlebte 30 Jahre lang und gehörte noch nach dem Tod der Autorin zum Inventar des »Mutterhauses«.

Hedwig Courths-Mahler hat sich in den gut drei Jahrzehnten ihres schriftstellerischen Schaffens mehrere Vermögen erschrieben. Das erste verlor sie in den Inflationsjahren bis 1923, das zweite – zumindest teilweise – in der Währungsreform 1948. Nun war die Familie allerdings doppelte Hausbesitzerin, insofern hielt sich der zweite Verlust in Grenzen. Genaueres lässt sich dazu kaum sagen, da die entsprechenden Daten aus Erbscheinen, Steuerakten und Hausverkäufen 50 Jahre nach dem Tod der Autorin von den zuständigen Behörden immer noch wie Staatsgeheimnisse behandelt werden. Die Autorin hatte mit ihren beiden Töchtern einen Vertrag zur gemeinsamen Verwertung ihrer schriftstellerischen Arbeiten, steuertechnisch galten sie sozusagen als literarische Produktionsfirma. Der Vertrag wurde mit Friedas dritter Heirat 1937 gelöst. Frieda versteuerte noch 1941 ein Jahreseinkommen von 10 000 Reichsmark. Ihr Haus und Grundstück in Rottach-Egern hatten einen Einheitswert von 38 000 Reichsmark, sie besaß ein Vermögen von 84 000 Reichsmark. Am 4. Juli 1940 wurden die drei Schriftstellerinnen in einer Unterwerfungsverhandlung vor dem Finanzamt Miesbach wegen Einkommensteuerhinterziehung zu einer gemeinsamen Geldstrafe von 128 000 Reichsmark verurteilt. Davon entfielen etwa 70 000 RM auf Hedwig Courths-Mahler. Welchen Zeitraum diese Strafe betraf, ist nicht bekannt. Die Zahlen geben aber eine Ahnung von den finanziellen Dimensionen, die sich der Autorin durch vierzehnstündige Arbeitstage erschlossen.

64 Hedwig Courths-Mahlers Auto-
grammkarte von 1916 mit einer Widmung für ihre Tochter Margarete:
»Nirgends lieber als bei meinen
Kindern«.

»Natürlich Liebe«

Hedwig Courths-Mahlers Name war zu einem Markenzeichen geworden. Doch die Autorin hat gelegentlich, meist aus vertraglichen Gründen, unter Pseudonym veröffentlicht. Vier Pseudonyme sind bis heute bekannt: Relham (H. Relham, C. Relham), Hedwig Brand, Gonda Haack und Rose Bernd. Unter Relham (eine Umkehrung ihres Geburtsnamens) erschienen 1908 einige ihrer »Berliner Skizzen« und von November 1909 bis März 1910 ihr Roman ›Unser Weg ging hinauf‹ in den diversen Ausgaben der ›Hausfrau‹. Allerdings hatte die Redaktion das Pseudonym in einer Ankündigung bereits aufgelöst: »Wir können unseren Leserinnen verraten, daß sich unter dem Namen H. Relham die Verfasserin unseres derzeitigen, mit allgemeiner Spannung verfolgten Romans ›Gib mich frei‹, Hedwig Courths-Mahler, verbirgt.« Die Buchausgabe erschien denn auch unter ihrem tatsächlichen Autorennamen. Das einzige Buch, das unter »C. Relham« auf den Markt kam, soll die Erstausgabe von ›Der Sohn des Tagelöhners‹ (1910) gewesen sein. Mindestens drei Erzählungen wurden unter dem Namen Hed-

65 Hedwig Courths-Mahler mit Micky Maus. Fotografie, 1932

66 Buchdeckel (nach 1910)

wig Brand veröffentlicht: ›Der Wildfang‹ (1911), ›Das Gänsemädchen von Dohrma‹ (1911) und ›Ein Schritt vom Wege‹ (1910). Die Buchveröffentlichung der beiden erstgenannten lief ebenfalls unter dem Pseudonym, dazu die Buchausgabe von ›König Ludwig und sein Schützling‹ (1911); ›Ein Schritt vom Wege‹ erschien offenbar erst 1952 als Buch unter dem Namen Hedwig Courths-Mahler. Unter dem Verfassernamen Gonda Haack sollen einige ihrer Romane in den Niederlanden oder Schweden erschienen sein, und als Rose Bernd zeichnete sie für den Vorabdruck des Romans ›Seine Mündel‹ verantwortlich, der im ersten Jahrgang von ›Im traulichen Heim‹ abgedruckt wurde. Im gleichen Jahrgang wurden zwei weitere Romane von ihr publiziert.

In Hedwig Courths-Mahlers Schaffen sind fünf Werkgruppen erkennbar: 1. Romane, 2. Theateradaptionen, 3. Erzählungen und Skizzen, 4. Mädchenbücher, 5. Gedichte und Aphorismen. Die erste Gruppe, nahezu ausschließlich Liebesromane, umfasst den weitaus größten Teil des Werkes, nämlich etwa 190 Titel. Theaterfassungen der Romane sind etwa zwei Dutzend bekannt, Gedichte und Aphorismen haben sich nur im Nachlass in geringer Anzahl erhalten. Die vierte Gruppe um-

Wenn man die Buchproduktion Hedwig Courths-Mahlers in Fünfjahres-Abschnitten betrachtet, ergibt sich ein erstaunliches Bild:

1905–1910: 8	1926–1930: 38
1911–1915: 23	1931–1935: 42
1916–1920: 39	1936–1939: 14
1921–1925: 42	

Abgesehen vom Anfangsjahrzehnt und der letzten Zeit sind alle fünf Jahre 38 bis 42 Bücher von ihr erschienen, was für diesen Zeitraum einen Jahresausstoß von acht Romanen ergibt. Diese Zahlen sind jedoch nicht identisch mit den Abfassungsdaten bzw. dem Zeitpunkt der Erstveröffentlichung. Um den wirklichen Produktionszeitraum einzugrenzen,

fasst acht Titel, die ausdrücklich unter der Bezeichnung Jugend- bzw. Mädchenliteratur firmierten und deshalb als Jugendbücher gelten müssen. Dies sind zunächst jene vier Titel, die 1910 und 1911 in der Reihe ›Dietrich's Bibliothek für die reifere Jugend und deren Freunde‹ in Dresden erschienen: ›Der Sohn des Tagelöhners‹ (Bd. 1), ›Der Wildfang‹ (Bd. 9), ›König Ludwig und sein Schützling‹ (Bd. 15) und ›Das Gänsemädchen von Dohrma‹ (Bd. 17). Für drei dieser Erzählungen sind Vorabdrucke in ›Freya‹ nachgewiesen, ebenfalls 1910 und 1911. Alle Buchausgaben erschienen zunächst unter den Pseudonymen »Relham« bzw. »Hedwig Brand«. In einer Verlagsanzeige zum ersten Band heißt es:»Der Wunsch vieler Leser, die ausgezeichnete und liebenswürdige Erzählung ›Der Sohn des Tagelöhners‹ in Buchform zu besitzen, ist somit erfüllt!«

Mindestens drei weitere Romane wurden in ›Die Mädchenpost. Wochenschrift für die weibliche Jugend‹ des Berliner Hackebeil-Verlages abgedruckt: ›Die Bettelprinzeß‹ (1913/14), ›Mamsell Sonnenschein‹ (1914/15) und ›Armes Schwälbchen‹ (1918/ 19). Vermutlich enthalten verschollene Jahrgänge der Zeitschrift noch die Erzählung ›Vergib, Lori‹ (Buchausgabe 1916). Alle vier Erzählungen erschienen auch als Buchausgaben ausdrücklich für Mädchen. ›Die Bettelprinzeß‹ erschien in der Reihe ›Mädchenbücher. Eine Sammlung beliebter Erzählungen‹ des Hackebeil-Verlages in Berlin. Hedwig Courths-Mahler eröffnete diese Buchreihe mit dem ersten Band, wie auch schon die des Dietrich-Verlages. Von der ›Bettelprinzeß‹ sind Auflagenzahlen bekannt, die den Roman unter die insgesamt erfolgreichsten der Autorin einreihen: Bei Hackebeil erschienen bis 1923 13 Auflagen mit ca. 270 000 verkauften Exemplaren, 1929 gab es bei Enßlin & Laiblin eine Neuauflage unter dem Titel ›Hab kein Herz auf dieser Welt‹, von der sich

muss man alle Zahlen um vier bis fünf Jahre zurücksetzen. Dies wird am Ende ihres Schaffens besonders deutlich: Sie hat nach eigener Aussage im Jahr 1935 zu schreiben aufgehört. Die später noch publizierten Bücher beruhen auf Zeitschriftenabdrucken, die entsprechend früher stattfanden. Mehr oder minder gilt das für die gesamte Schaffenszeit. Den Beginn ihres Schreibens kann man entsprechend etwa um 1903 (dies ihre Angabe im Fragebogen der Reichsschrifttumskammer) ansetzen. Hedwig Courths-Mahler hat demnach in 32 Arbeitsjahren mindestens 206 Romane veröffentlicht: durchschnittlich sechs Titel pro Jahr.

bis 1940 noch einmal 51 000 Exemplare verkauften. Alle genannten Titel haben jugendliche Heldinnen, doch trifft dies auf sehr viele andere Romane der Autorin ebenfalls zu. Überspitzt ließe sich sogar sagen, Hedwig Courths-Mahler habe überhaupt Backfischromane für Erwachsene geschrieben. In ihren Romanen liegt das ideale Heiratsalter für Frauen um das sechzehnte Lebensjahr, für Männer bei Anfang bis Mitte 30. Mit dieser Konstellation, die nicht ihren Erfahrungen, wohl aber ihren Träumen entsprach, bediente sie eine kollektive erotische Fantasie: die männliche nach einer jungen, »unschuldigen«, zugleich aber »wilden«, lebendigen und aktiven Geliebten, und die weibliche nach einem erfahrenen, verständnisvollen Partner, der fest im Leben steht und Vertrauen einflößt. Diese Geschlechterkonzeption, die sowohl in der ›Trotzkopf‹-Literatur wie bei Rousseau ihre Vorprägung fand, hat vermutlich dazu beigetragen, dass ihre Romane nicht allein von Mädchen und Frauen, sondern auch von Männern gerne gelesen wurden. Hedwig Courths-Mahler kannte Rousseaus ›Emile‹ bestens, dieser aufklärerische Erziehungsroman wird in ihren eigenen Werken gelegentlich erwähnt. Viele ihrer jungen Frauen, etwa die Titelgestalt von ›Der Wildfang‹ oder Rut Waldeck in ›Untreu‹ (1907), sind nach dem Vorbild von Rousseaus Sophie geschaf-

67 Buchumschlag des Romans ›Die Bettelprinzeß‹ (1914)

fen: Ihre Leidenschaft und Ungezähmtheit macht sie für Männer erst attraktiv. Man griffe mithin zu kurz, wollte man die Courths-Mahler-Romane nur von ihrem Ende her verstehen und die finale Heirat als Domestikation.

Hedwig Courths-Mahler hat neben ihren Romanen immer wieder auch kürzere Texte geschrieben, die sie als Novellen, Erzählungen oder Skizzen bezeichnete. Manche erschienen später gesammelt in Buchform. Die ersten beiden Erzählungssammlungen waren ›Meine Käthe‹ (1917) und ›Ein deutsches Mädchen‹ (1917), es folgten ›Sommerfrische‹ (1921) und ›Herz, nicht verzag!‹ (1925). Zu dieser Gruppe gehören auch die Bände ›Der Müßiggänger‹ (1921) und ›Verschwiegene Liebe, verschwiegenes Leid‹ (1926), die beide neben der längeren Titelerzählung zusätzlich einen kürzeren Text enthielten. Auch die beiden selbstständig erschienenen Novellen ›Die Stellvertreterin‹ (1920) und ›Ihr Retter in der Not‹ (1926) mit jeweils nur 32 bzw. 31 Druckseiten gehören hierhin, im weiteren Sinn auch etwas längere Erzählungen wie ›Betrogene Liebe‹ (1924, 62 Seiten) oder ›Verstehen heißt verzeihn‹ (1924, 94 Seiten). Die wichtigsten Werke dieser Gruppe aber sind jene 15 Skizzen, die Courths-Mahler in den Jahren 1908 bis 1911 für die Berliner Wochenzeitung ›Welt am Montag‹ verfasst hat: ›Heinze III‹, ›Das letzte Mittel‹, ›Lebensrätsel‹, ›Wer wirft den ersten Stein?‹, ›Hans‹, ›Hunger‹ (alle 1908), ›Das Mal‹, ›Freie Liebe‹, ›Der Mörder‹, ›Mausi und Moppi‹, ›Der Strumpf‹ (alle 1909), ›Rezept gegen Hausfreunde‹, ›Zur rechten Zeit‹, ›Sein Mädel‹ (alle 1910) und ›Ein galantes Abenteuer‹ (1911). Obwohl diese Skizzen, was den Umfang angeht, nur einen verschwindend geringen Teil ihres Gesamtwerks ausmachen, hatten diese Texte für die Autorin immer eine besondere Bedeutung. Manchen Gesprächspartnern hat sie noch Jahrzehnte später davon erzählt. 1942 spricht sie von »realistischen

Sie lächelte und reichte ihm das Buch. Er schlug es auf. »Jean Jacques Rousseau: ›Emil‹. Lieben Sie das Buch?«
»Es ist sehr lehrreich für Erzieher.«
›Der Müßiggänger‹ (1921)

Skizzen«, 1949 von »realistischen Novellen«. Sie hat immer behauptet, die Skizzen seien unter dem Pseudonym »Relham« erschienen. Doch das trifft nur auf vier Texte zu, alle anderen erschienen unter dem Namen Hedwig Courths-Mahler. Sie war besonders stolz darauf, mit diesen »Berliner Skizzen« den Beweis geliefert zu haben, auch »realistisch« schreiben zu können. Realistisch bedeutete zu dieser Zeit nicht unbedingt, »das Leben so zu schildern, wie es in Wirklichkeit ist«, sondern es bedeutete die Berücksichtigung der erotischen bzw. sexuellen Aspekte des menschlichen Lebens. Und das geschieht in diesen Texten.

Hedwig Courths-Mahler befand sich in der ›Welt am Montag‹ in prominenter Gesellschaft. Hauptautor der Gattung »Skizze« (eine ältere Bezeichnung war Novellette) war dort der Kriminalschriftsteller Hans Hyan. Doch auch Roda Roda, Paul Scheerbart, Johannes Schlaf, Hans Heinz Ewers, Max Kretzer, Erich Mühsam, Paul Zech und Erdmann Gräser verfassten immer wieder literarische Beiträge für diese Zeitung. Die ›Welt am Montag‹ war ein fortschrittliches Blatt, das mit seinen politischen Kommentaren und literarischen Beiträgen frischen Wind in die verklemmte und restriktive Kultur des wilhelminischen Deutschland blies. Immer wieder wurden einzelne Nummern verboten und beschlagnahmt, häufig wegen »Verbreitung unzüchtiger Schriften«. Darunter hatte vor allem Chefredakteur Alfred Scholz zu leiden, er musste die verhängten Strafen im Tegeler Gefängnis absitzen.

Um die körperliche Liebe geht es in den meisten von

68 Buchumschlag des Romans ›Betrogene Liebe‹ des Rothbarth-Verlages (1924)

Courths-Mahlers »Berliner Skizzen«. In ›Das letzte Mittel‹ bit-
tet Lia Kemper ihren Verehrer Fred um einen letzten Liebes-
beweis. Er soll seinen besten Freund, ihren Mann, der selbst
eine Geliebte hat, dazu bringen, dass er sie wieder liebt. Als
Rudolf Kemper nachts zurückkommt, spielen sie gemeinsam
Liebespaar. Er glaubt, betrogen zu sein, sie weist ihn auf seine
Freundin hin. Er: »Einem Mann wird so etwas nicht verargt.«
Sie fordert »gleiches Recht für alle«. ›Lebensrätsel‹ sind die
kurzen Tagebuchnotizen einer Frau, die es bereut, »arm an
Erfahrungen in die Ehe getreten« zu sein. Ihr Mann vernachlässigt sie. Ein alter Freund ihres Mannes verliebt sich in sie,
sie küssen sich, ihre Leidenschaft wird gestillt. Vier Jahre später zieht er in die Welt hinaus, sie lebt ruhig an der Seite ihres
Mannes. »Wir sind einander nichts mehr schuldig.« In ›Wer
wirft den ersten Stein?‹ verliebt sich Trina, die neunzehnjähri-
ge Tochter der Teichbäuerin, in ihren Stiefvater. Bei der Heu-
ernte lieben sie sich: »Sie wissen nichts mehr von den Satzun-
gen der Menschen, von trennenden Schranken.« Als die Reue
kommt, gehen sie gemeinsam in den Fluss. In ›Das Mal‹ ist
die fünfundzwanzigjährige Dora verlobt und möchte vor ihrer Heirat noch etwas erleben, wie Männer dies auch dürfen.
Sie geht zur Redoute, maskiert, trifft dort einen ebenfalls
maskierten Mann, flirtet, trinkt, küsst ihn. Er küsst das kleine
Mal an ihrem Busenansatz, dabei rutscht ihm die Maske vom
Gesicht, und sie merkt, dass es ihr Verlobter ist. Das geht
mehrere Wochen lang so, sie bleibt anonym. Er will sie besitzen, sie verspricht sich ihm für die Zeit nach seiner Hochzeit.
Sie heiraten. Im Hotel zieht sie sich um, kommt im weißen
Domino herein, er küsst sie, sie sagt ihm alles. – Sinnlichkeit
ist in dieser wie den meisten der Geschichten eine positive,

Ihr Mann läuft umher wie ein wildes Tier im Käfig. Endlich bleibt er vor
ihr stehen und sieht sie mit brennenden Augen an. Wie Schön sie ist! –
Plötzlich bemerkt er das wieder, nachdem er lange wie blind neben ihr
gelebt hat. »Schämst Du Dich nicht?« Sie sieht ihn ruhig an. »Schämst Du
Dich vielleicht?« »Ich?« »Nun ja, Du kommst von Deiner schönen Freundin – ich hatte einen Freund zu Besuch Wer von uns hat sich da am meisten zu schämen?« »Du – denn Du bist das Weib. Einem Mann wird so etwas nicht verargt.« »Diese Theorie gefällt mir nicht. Ich bin es müde, die
betrogene Frau zu spielen und mich von Dir vernachlässigen zu lassen.
Ich plädiere um gleiches Recht für alle.«
    H. Relham: ›Das letzte Mittel‹. Skizze. Aus ›Welt am Montag‹, 9. Juni 1908

keine hinderliche Kraft. Die Frau findet einen eigenständigen Weg, sich Befriedigung zu verschaffen. Die erzählerische Pointe ist ein inhaltlicher Kompromiss, der die Frau wieder auf ihren Angetrauten verweist. Doch darum ging es nicht. Beide haben dem sinnlichen Begehren einen eigenständigen Platz eingeräumt und sehen sich gegenseitig jetzt reifer und mit anderen Augen.

Als Hedwig Courths-Mahler zu schreiben begann, war der Name Freud erst einem kleinen Zirkel von Eingeweihten bekannt. Bis heute sind vermutlich für den größten Teil der lesenden Menschheit Freuds Entdeckungen weitgehend unbekannt. Dennoch besteht auch bei Verkäuferinnen, Sekretärinnen und Hausfrauen selbstverständlich ein psychologische Elemente nutzender Erklärungsbedarf für das eigene Leben. Emotionales Elend und psychische Verkümmerung verlangen nach Plausibilisierung, nach starken, integralen Bildern für das eigene Denken und Empfinden. Diese Funktion kann ein Courths-Mahler-Roman übernehmen. Manche ihrer Romantitel wirken wie Titel heutiger Ratgeberliteratur: ›Gib mich frei‹ (1912), ›Die Kraft der Liebe‹ (1920), ›Der Mut zum Glück‹ (1921), ›Ich darf dich nicht lieben‹ (1921), ›Es gibt ein Glück‹ (1924), ›Du bist meine Heimat‹ (1929), ›Ich liebe einen andern‹ (1933), ›Frauen in Not‹ (1935). Ihre Romane füllten in der ersten Hälfte des 20. Jahrhunderts eine sozial-psychologische Lücke, die heute von der verkaufsträchtigsten Sparte des Buchmarktes bedient wird: Hedwig Courths-Mahler verfasste Literatur zur Lebenshilfe. »Jeder Mensch soll sich sein Schicksal selbst zimmern, niemand hat das Recht, ihn davon abzuhalten«, schrieb sie 1906 (›Auf falschem Boden‹).

Immer wieder gipfeln die Schwierigkeiten in ihren Romanen in aphoristisch zugespitzten Sinnsprüchen, die ebenso gnadenlose Banalität wie originelle Lebenserfahrung doku-

---

Die »Berliner Skizzen« galten, bis sie vor einigen Jahren wieder entdeckt wurden, als verschollen. Nur drei dieser Kurzgeschichten sind später noch einmal in Buchform erschienen. Man mag es bedauerlich finden, dass Hedwig Courths-Mahler auf diesem Weg nicht weiter gemacht hat. Aber subjektiv ist plausi-

bel, dass sie damit aufgehört hat. »Ich hatte schon einen Namen«, erklärte sie, »und den durfte ich nicht auf das Spiel setzen. Keine Mutter hätte mehr ungelesen meine Bücher in die Hand ihrer Töchter gedrückt, wenn sie erfahren hätte, daß ich auch realistische Skizzen schreibe.«

mentieren, gleichermaßen traditionell sprichwortthaft wie aktuell problemorientiert. Damit nehmen sie jene Bandbreite vorweg, die heute eine überbordende Ratgeberliteratur ausfüllt: »Ein wirklich vornehm empfindender Mensch ist niemals hochmütig.« (›Der Sohn des Tagelöhners‹) »Wahre Güte ist so selten, wenn wir ihr begegnen, staunen wir sie an wie ein Wunder.« (›Sein Kind‹) »Dem Guten ist das Gute immer selbstverständlich.« (ebd.) »Während ich freiwillig teile, gewinne ich.« (ebd.) »Man glaubt immer an ein Wunder, wenn man eine große Sehnsucht im Herzen trägt.« (›Das Erbe der Rodenberg‹) Ihre Tochter Margarete hat als Privatsekretärin ihrer Mutter deren Bücher nach solchen Sinnsprüchen abgesucht und sie gesammelt.

Natürlich wurde Courths-Mahler vielfach parodiert und persifliert. Sie selbst hat berichtet, dass es in den 10er und 20er Jahren kein Kabarett und kein Cabaret gab, das nicht seine Possen mit ihrem Namen trieb. Unter anderen haben sich Hans Reimann, Robert Neumann, Alfred Hein und Hans Habe ihrer angenommen. Vor allem Reimann hatte sich im Lauf der Jahre regelrecht in Hedwig Courths-Mahler verbissen. »Von der Beliebtheit der Courths-Mahler macht sich der Laie keinen Begriff. Die deutschen Hausfrauen gehen für sie in Not und

69   Buchumschlag des Romans
›Die Kraft der Liebe‹ des Rothbarth-
Verlages (1920)

Tod«, schrieb er 1916. »Jede Zeile, die sie schreibt, ist Schund. Jeder ihrer Romane ist der typische, verlogene und erstunkene Schundroman.« Im Lauf der Jahre nahmen seine Invektiven denunziatorischen und immer persönlicheren Charakter an. Bei zahlreichen Auftritten in ganz Deutschland nannte er die Autorin »Kotz-Mahler« oder »Furz-Maleur« und bezeichnete sie als »gemeingefährlich«. Für einen parodistischen Sammelband von 1922, ›Hedwig Courths-Mahler – Schlichte Geschichten fürs traute Heim‹, benutzte er den Namen der berühmten Autorin, obwohl die meisten Texte darin mit ihr nichts zu tun hatten. Reimann stammte aus Leipzig, soll eine Weile für den Rothbarth-Verlag gearbeitet haben und nutzte klammheimlich sein Wissen über den persönlichen Hintergrund der Autorin. Sein Text ›Vom Freudenhaus ins Grafenschloss‹ enthielt versteckte Anspielungen auf ihre Herkunft aus dem Prostitutionsmilieu, die, bedenkt man den hysterischen Umgang der damaligen Öffentlichkeit mit diesem Thema, faktisch den Tatbestand der Ehrabschneidung erfüllten. In diesem Licht hinterlassen auch die beiden darin enthaltenen eigentlich sehr witzigen Courths-Mahler-Portraits von George Grosz – Aktzeichnungen mit ausgesparten Geschlechtsteilen – einen durchaus zwiespältigen Eindruck. Das beste Kapitel des Buches stammt von Hedwig selbst: Ein souveräner Antwortbrief, den sie Reimann auf seinen ersten Angriff von 1916 geschickt hatte. »Seit Sie mir die Ehre erweisen, mich in verschiedenen Intervallen wegen meiner harmlosen Märchen, mit denen ich meinem Publikum einige sorglose Stunden zu schaffen suche, anzupöbeln, werden diese noch mehr gekauft als bisher [...] Gott lohne es Ihnen, edler Mann.« Mit Spott über Hedwig Courths-Mahler ist nie gespart worden. Franz

Betrachtet man nur die Titel ihrer Bücher, erweisen sie sich als äußerst konsistent: Zwölf Titel sind als Fragen formuliert, Ehe und Heirat kommen in 15 Titeln vor, Liebe ist 24-mal, Herz 9-mal, Glück 14-mal vertreten, Namen kommen 48-mal vor, Rätsel und Geheimnisse 9-mal, die Beziehung Eltern/Kinder oder Geschwister wird 10-mal angesprochen, Prinzen und Prinzessinnen tauchen 7-mal auf, die Beziehung Mann/Frau ist 16-mal thematisiert, Frau, Weib und Mädchen taucht 17-mal auf, Exotik 9-mal, Schmerz 12-mal, und Trennung wird 19-mal angesprochen. Neben dieser Ähnlichkeit untereinander sind zudem viele ihrer Titel identisch mit Titeln anderer Autoren. Vor allem im Theater- und Operettenbereich wird man fündig: ›Rote Rosen‹ heißt nicht nur ein Courths-Mahler-Ro-

Werfel meinte, sie schriebe »Berichte aus Welten, die notorisch in Ordnung sind«, für Hermann Broch zeigte sich in ihr »die Bösartigkeit einer allgemeinen Lebensheuchelei, verirrt in einem ungeheuren Gefühls- und Konvenügestrüpp«, der notorische Reimann bezeichnete sie als »Vertiko-Venus« (1922), und der ›Spiegel‹ nannte sie »die Großmutter des Schreibkitsches« (1954). Für Rolf Lehnhardt war sie die »Großmeisterin der Trivialliteratur« (1974). »Eine Beruhigungspille ›fürs Volk‹, süß und klebrig und von oben verabreicht« lautet eines der Urteile während der 70er Jahre (Schlumberger, 1975), und Lotte Wege schrieb 1954: »Die Literatur verhüllte ihr Haupt, als sie schrieb. Aber den schlichten Leser traf sie ins Herz.« Neuere Kulturtheorien weisen dem Kitsch als unbekümmerter Sentimentalität eine beinahe subversive Qualität zu: »Als populäre semiotische Kraftzentren, die in vergröberter und vereinfachter Form die Episteme eines Zeitalters reflektieren und dabei selbst mitschaffen, sind die Produkte der Trivialliteratur von exemplarischer kultureller und mentalitätsgeschichtlicher Bedeutung.«

Die meisten Courths-Mahler-Romane enthalten zwei Bewegungsrichtungen: sozial von unten nach oben, moralisch vom Schein zum Sein. Beides ist im Aschenputtel-Motiv geradezu idealtypisch verwoben: Lieselotte, die ›Bettelprinzeß‹ (1914), wird von ihrer adligen Spielgefährtin Lori wie eine Sklavin behandelt, bis sich herausstellt, dass auch sie eigentlich adlig ist. Sie heiratet Hans von Bodenhausen. Die verarmte Griseldis von Ronach, Titelgestalt des gleichnamigen Romans (1917), wird ebenfalls unterdrückt, klärt jedoch ein Geheimnis auf und heiratet am Ende Graf Harro von Treuenfels. So oder ähnlich funktionieren viele Courths-Mahler-Romane: Aschenputtel ist,

man (Buchausgabe 1920), sondern auch ein Schauspiel von Adda von Liliencron (um 1910); zahlreiche Theaterstücke (u. a. von Gerhart Hauptmann, Ludwig Beyer, Hans L'Arronge und Ilse von Stach) hießen ›Griseldis‹ bzw. ›Griselda‹, ›Die Dollarprinzessin‹ hieß eine Operette von Leo Fall, ›Eine Scheinehe‹, eine Operette von Friedrich Kark, ›Die schöne Unbekannte‹ war eine Operette von Oskar Strauß und ›Jungfer Sonnenschein‹ eine Operette von Georg Jarno. Vielfach ist kaum zu entscheiden, wer sich bei wem bedient hat. Das Entscheidende ist aber die weitgehende Übereinstimmung mit den Erwartungen des Publikums: Vertrautheit und Irritation wurden sorgsam austariert.

wenn nicht das Haupt-, so doch ein Nebenmotiv. Manche Titel sprechen dies direkt an, etwa ›Aschenbrödel und Dollarprinz‹ (1927) oder die Arbeitstitel ›Ein modernes Aschenbrödel‹ bzw. ›Aschenbrödel vom Lindenhof‹. Dabei ist generell festzustellen, dass die frühen Romane tendenziell besser und überzeugender wirken als die späteren. Was Hedwig Courths-Mahler vor 1918 geschrieben hat, ist insgesamt frischer und unangestrengter als ihre späteren Texte. Im Aschenputtel-Motiv bündelte Courths-Mahler die eigene psychosoziale Situation, um sich ihrer immer wieder neu zu entledigen. Denn Aschenputtel, das ist die Geschichte aller Kinder, die überzählig oder unerwünscht aufwachsen müssen. Der Traum Aschenputtels ist es, so beschreibt es Eugen Drewermann, mitten im Elend nicht das Gefühl für die eigene Würde zu verlieren und, gegen alle Widerstände, den Traum nicht aufzugeben, im Grunde zu etwas Königlichem bestimmt zu sein. »›Aschenputtel‹ – das ist in der Sprache des Märchens ein Dokument für die noch unentdeckte Würde des Menschen im Unscheinbaren, eine Chiffre für das Nichtzerbrechen eines geheimen Adels, der seine eigene Herkunft nicht kennt und doch um so inständiger seine Zukunft ersehnt.« Aschenputtel ist zudem die Geschichte des ohnmächtigen bzw. nicht existierenden Vaters, in dessen Schatten das Kind sich der »Stief«-Mutter und den Geschwistern wehrlos ausgeliefert sieht. Die Bindung an die Mutter ist unaufgelöst, da die von dieser erlebte Ablehnung uneingestanden bleibt, zugleich wird der abwesende Vater in der Fantasie wirklicher und wirksamer als jede real erlebte Vatergestalt.

70 Courths-Mahler-Portrait von George Grosz (1922)

»Ich baue meinen Kohl selber«

> *»Mutter lernt, merkt doch, daß sie Heldin liebt.*
> *Holt sie heim. Happy end.«*
> (Romanstoff 3, Nachlass)

71 Der »Mutterhof« am Tegernsee.
Fotografie

Im Jahr 1933 beschließt die Familie Courths, sich aus Berlin zurückzuziehen. Die Wohnung in der Knesebeckstraße am Steinplatz wird aufgegeben, und man bezieht für das Jahr 1934 die Landshuter Straße 32 in Schöneberg. Im März 1935 übersiedeln alle nach Tegernsee, Schwaighofstraße 47: Hedwig mit Fritz, Margarete mit Karl Elzer, Frieda mit ihrem neuen Lebenspartner. Sie hatte sich von ihrem zweiten Mann Anton Bock – nach der Terminologie der neuen Herrscher in Deutschland ein »Halbjude« – getrennt, blieb ihm aber, wie es heißt, »freundschaftlich verbunden«. Am 25. Juli 1934 wurden sie geschieden, nachdem Bock eine Villa auf Taormina hatte erbauen lassen, in die sie einziehen wollten. Anton Bock starb am 28. Januar 1945 nach einem misslungenen Selbstmordversuch in einem Arbeitslager der Organisation Todt (angeblich in der Nähe von Sarstedt bei Hannover). Frieda heiratete umgehend neu: Im Mai 1937 gab sie Fritz Stein in Rottach-Egern das Jawort.

Das Haus am Tegernsee, das sie während eines Sommeraufenthaltes gefunden hatten, eine große Villa im oberbayeri-

Fritz Stein war als Kriegsfreiwilliger mehrfach verwundet worden. Er war Freicorpsmitglied (im Umfeld der Rosa-Luxemburg-Ermordung), dann Kellner, Schutzpolizist, Sporthilfslehrer, Automechaniker. Seit 1930 war er NSDAP-Mitglied, seit 1932 Mitglied der SS und 1933 Kriminalassistent bei der Gestapo. Faktisch eine gescheiterte Existenz, verband er, wie viele andere, mit der Machtübernahme der Nazis eine Hoffnung auf persönliche »Rehabilitierung«. Die Heirat mit Frieda war für beide die dritte Ehe. Aus der ersten hatte er eine elfjährige Tochter, die zweite mit einer »Kommunistin« kostete ihn die angestrebte Karriere bei der Gestapo.

schen Stil, hatte Hedwig am 14. September 1933 von dem
Frankfurter Großindustriellen Alfred Merton (1878–1954) ge-
kauft. Merton, der aus einer jüdischen Familie stammte, war
Aufsichtsratsmitglied der IG Farben, wurde 1933 zur Nieder-
legung sämtlicher Ämter gezwungen, emigrierte 1934 in die
USA und kam nach dem Krieg nach Deutschland zurück.
Hedwig ließ das Haus und den großen Garten renovieren
und eine Zentralheizung einbauen. Frieda erhält 1935 in
Rottach-Egern eine eigene Acht-Zimmer-Villa als Geschenk von
ihrer Mutter, während auf dem »Mutterhof« in Tegernsee, wie
Margarete das neue Heim getauft hat, die beiden Familien
Courths und Elzer je eine Etage mit fünf Zimmern bewohnen.
Die beiden Männer erleben keine lange Zeit mehr: Nach 37 Jahren Ehe mit Hedwig stirbt Fritz Courths, dreiundsiebzigjährig,
am 12. April 1936 an Krebs, und zwei Jahre später, am 30. August 1938, nimmt sich Margaretes Mann, Karl Elzer, das Leben.
Er hatte in Berlin eine schwere Blasenkrebsoperation über sich
ergehen lassen müssen, die Krankheit ließ ihn nicht los, er
konnte die Schmerzen nicht mehr ertragen. Damit war die
»Männerlosigkeit« im Hause Courths-Mahler endgültig. Sie, vaterlos aufgewachsen wie ihr Mann und ihre beiden Eltern, hatte
zwei Töchter geboren, mit denen sie sich bis zum Lebensende
umgab, und ihren Mann stets überstrahlt. Nur auf einigen Fotos aus der Frühzeit ist er gleichberechtigt neben ihr zu sehen;
später steht er an den Rand gedrückt oder erscheint überhaupt

nicht. Er sei ein »liebenswürdiger, nicht sehr unterneh-
mender Mann« gewesen,
heißt es, angeblich »gänzlich
ohne Initiative« (Riess).

Hedwigs Verhältnis zu den
braunen Machthabern, die

72 Hedwig Courths-Mahler mit
ihren Töchtern auf dem »Mutterhof«. Fotografie

seit Januar 1933 in Deutschland herrschten, gestaltete sich äußerst spannungsvoll, sie war aber alles andere als eine Widerstandskämpferin. Einerseits stammte einer ihrer Schwiegersöhne aus jüdischer Familie, und sie war befreundet mit zahlreichen Künstlern, die aus dem Land vertrieben wurden: Neben Curt Goetz emigrierten beispielsweise – als Juden verfolgt – der Dirigent Erich Kleiber, der Spötter Alfred Kerr und Max Epstein, Besitzer des von Göring 1939 konfiszierten Künstlertheaters Nürnberger Straße in Berlin. Andererseits war ihr jüngster Schwiegersohn, zumindest zeitweise, bei Gestapo

Bereits im April 1937 hatte Hedwig das Haus am Tegernsee auf ihre Tochter Margarete überschreiben lassen. Anlässlich des 75. Geburtstages von Hedwig Courths-Mahler im Jahr 1942 schrieb ein Besucher über das Anwesen und seine Besitzerin: »Noch vor dem Tor ihres Grundstückes, das sich, gelegen am Tegernsee, in beträchtlicher Ausdehnung hangwärts zog, zögerte ich, aber hier war meine neuerliche Unentschlossenheit identisch mit einer gewissen Feigheit, denn ein Schild warnte vor dem bissigen Hund, und vom Tor bis zum Haus war es recht weit. Schließlich besann ich mich auf meinen Stock und trat ein. Niemand zeigte sich, weder Mensch noch Tier, langsam umschritt ich das geräumige Haus, und dann sah ich den Hund, vor dem die Tafel am Zaune unten gewarnt hatte. Es war eine niedliche, fünf Wochen alte Bulldogge, die an einer fingerdicken Kette angehängt war. Freudig japste sie mir entgegen, ich streichelte sie und sah mit Scham auf meinen Stock. Daneben saß die Besitzerin des Hauses auf einem niedrigen Holzschemel, in einem abgetragenen Bauernkittel mit einem breiten Strohhut auf dem Kopf. Sie sortierte Kartoffeln, von denen sie die Triebe fortnahm und jede nach ihrer Qualität in den einen oder andern Kübel warf. Als sie aufschaute, sah ich in ein schönes Gesicht, alt, mild und gütig, und in Augen, die ruhig und klar dreinblickten. Sie zeigte sich vom Besuche keineswegs überrascht, insgesamt bot sie das Bild einer erfahrenen Frau, die von der Höhe des Alters mit gelassenem Gleichmut auf das Leben blickt.« Der Besucher ist überrascht, statt einer Villa mit Türmchen und Eckpfeilern sieht er einen »handfesten Bauerngarten, auf dem Nußbäume standen und Gemüse gezogen wurde«. Ein Selbstversorgergarten mitten im Krieg mag nicht ganz ungewöhnlich gewesen sein, passte aber mit seinem bäuerlichen Ambiente bestens zu den Erwartungen eines an Blut-und-Boden-Plunder gewöhnten Nazi-Publikums. Die Übersiedelung nach Tegernsee bedeutete Hedwig Courths-Mahlers Rückzug aufs Altenteil, immerhin war sie 68 Jahre alt. Das Ehepaar Elzer bearbeitete mit Wonne den Gemüsegarten, und Margarete sieht zum ersten Mal im Leben Himmelsschlüssel blühen. Jedes landwirtschaftliche Buch, dessen man habhaft werden kann, wird eifrig studiert. Mit merklichem Trotz schreibt Hedwig 1938 an die Reichsschrifttumskammer: »Auf meinem kleinen Landhaus baue ich meinen Kohl selber und bin wieder geworden, was meine Vorfahren waren – Bauern.«

und SS, und auch sie selbst war nach eigenen Angaben »förderndes Mitglied« der SS (Mitgliedsnummer 916.398). Fördernde Mitglieder der SS mussten »arischer« Abstammung sein und einmal im Monat eine Geldspende zugunsten der SS leisten (die Höhe lag im persönlichen Ermessen). Sie erhielten dafür ein Mitgliedsbuch, Beitragsmarken und monatlich die ›FM-Zeitschrift‹, in der Sätze standen wie: »Die SS steht immer auf der Wacht, damit nicht der Wille der Spießer geschehe.« (1.1934, S. 65) Insgesamt gab es Zehntausende fördernder Mitglieder der SS, und Hedwig Courths-Mahler befand sich in diesem Verein in prominenter Gesellschaft. Beispielsweise war auch Heinrich Mohn, der Chef des Bertelsmann-Verlages, förderndes Mitglied der SS. Über die genaue Funktion dieser Organisation ist nichts bekannt. Möglicherweise diente eine Mitgliedschaft dazu, »weitergehende politische Ansprüche des NS-Regimes zu umgehen« (Steinbacher), dann wäre sie für Hedwig Courths-Mahler eine Absicherung ihrer inneren Emigration gewesen. Andere Autoren waren skrupelloser: Hans Reimann, ihr Widersacher aus den 20er Jahren, schrieb mittlerweile antisemitische Artikel für die SS-Zeitschrift ›Das Schwarze Korps‹.

Wer unter dem NS-Regime publizieren wollte, musste Mitglied der Reichsschrifttumskammer sein, einer »als berufsständische Einrichtung getarnten Zwangsorganisation« (Strothmann). Hedwigs Töchter haben nach dem Krieg erzählt, ihre Mutter habe den Fragebogen der Reichsschrifttumskammer unausgefüllt zurückgeschickt. Im Bundesarchiv finden sich jedoch ein eigenhändig ausgefülltes Antragsformular in doppelter Ausfertigung nebst »Ariernachweis«, Strafregisterauszug, Leumundszeugnis und handgeschriebenem Lebenslauf aus dem Jahr 1938 sowie zwei weitere Fragebögen von 1936. Und schon im Juli 1933 hatte Hedwig Courths-Mahler den

Was Bonsels kann, das kann sie längst
Auch Reimann kann man parodieren
Wir aber denken, wie du, Hedwig, denkst
Wir sind mit dir in allen Sachen eins.
Wir würden alle ganz dieselben dicken Bücher sch…
Wär unser Sitzfleisch dauerhaft wie deins.

(Anonym, 20er Jahre)

Antrag zur Aufnahme in den neu gegründeten »Reichsver-
band Deutscher Schriftsteller« gestellt und die Mitgliedsnummer 166 erhalten (Frieda Nr. 162, Margarete Nr. 170). Offensichtlich war sie gewillt, die organisatorischen Voraussetzungen, die
das Regime verlangte, zu erfüllen. Letztlich scheiterte sie jedoch notwendigerweise an Goebbels' durchgreifenden Gleich-
schaltungsmaßnahmen, die das gesamte öffentliche Leben in
relativ kurzer Zeit dem NS-Diktat unterwarfen. Neben marxi-
stischer, pazifistischer, liberaler, »zersetzender« und »deka-
denter« Literatur wollte das NS-Regime auch »Gesellschafts-
und Unterhaltungsliteratur, in der das Leben und die Lebens-
ziele auf dem Grunde einer bürgerlichen oder feudalen Lebens-
auffassung in oberflächlicher, unwahrer und süßlicher Weise
dargestellt« wurden, »ausmerzen«, wie es genannt wurde.
Goebbels führte einen intensiven, häufig erfolglosen Kampf
gegen die meisten Formen der bürgerlichen Unterhaltungsliteratur. »Die Ablösung der aus Millionen-Auflagen bestehenden
Courths-Mahler- und Marlitt-Literatur [...] jedoch blieb ein
Wunschgedanke der NS-Literaturpolitik.« (Strothmann) Zu
den Institutionen, die dieses Ziel durchsetzen sollten, gehörte
auch die so genannte »Beratungsstelle für Volksliteratur«, die
faktisch eine Vor- bzw. Repressivzensur ausübte. Mit dieser
Institution bekam es die Autorin zu tun. In einem der Fragebögen schreibt sie, vier ihrer Romane, die sie bereits 1934
bzw. 1935 verkauft habe und die 1934 bis 1938 in ›Im traulichen Heim‹ und ›Ich bin dein‹ erschienen, seien von der Prüfungsstelle zurückgewiesen, nach einer Umarbeitung aber
wieder freigegeben und gedruckt worden. Nach heutiger
Kenntnis fand die letzte Courths-Mahler-Veröffentlichung in
›Im traulichen Heim‹ 1935/36 statt. Der Verlag Rothbarth lös-
te Anfang 1935 sämtliche Verträge, »da die Prüfungsstelle
4 Romane von mir abwies als zu leichte Lektüre«. Einer der

»Ich bin zufrieden, wenn ich mir einmal mit 70 Jahren sagen kann, dass ich
nur 1/10 der Menschen so glücklich gemacht habe, wie Sie sie gemacht haben. Denn Sie haben vielen das Dasein erleichtert; Sie haben wirre Sehnsüchte gestaltet; Sie haben nie verletzt; Sie haben armen leidenden Menschen reiche und frohe Stunden gegeben.«
Werner von der Schulenburg (Dramatiker) an
Hedwig Courths-Mahler (18. Februar 1937)

1935 abgelehnten Romane war ›Unser Tag wird kommen‹, der – offenbar umgearbeitet – 1938 doch noch als Buch erschien, ein anderer hieß ›Flucht in den Frieden‹, der erst 1948 publiziert werden konnte. Die Verlagsverträge wären noch sieben Jahre gelaufen, Hedwig entsteht ein »nachweisbarer Schaden« von 74 000 Mark: »Also war ich gezwungen, meinen Beruf aufzugeben.« An anderer Stelle: »Seit Anfang 1935 nichts mehr geschrieben.« Und bei der Frage nach ihrem Beruf: »Wieder Hausfrau, da ich meinen Beruf als Schriftstellerin aufgeben mußte.« Sämtliche Fragebögen sind unterschrieben mit Elisabeth Courths-Mahler: Ihren Autonomie- und Autorennamen hat sie nach 31 Jahren abgelegt.

Die Bitterkeit über den Zwangsruhestand ist allen Äußerungen dieser Zeit anzumerken. Dabei hatte sie, wie sie selbst sagt, bereits vor der Inflation damit »geliebäugelt«, sich zur Ruhe zu setzen. Nun wird sie kaltgestellt: »ein auch seelisch schwer empfundener Schlag«. (Elzer) Ihre Töchter verbreiteten später, das NS-Regime habe von ihrer Mutter verlangt, aus den positiven Helden Braunhemden und Parteimitglieder zu machen. Das lässt sich nicht überprüfen, da die Akten der lokalen Prüfungsstellen (München) offenbar verschollen sind. Im eigenhändigen Lebenslauf für die Reichskulturkammer machte sie aber noch einen hilflosen Versuch, sich dem NS-Regime anzubiedern: »Mit dem nun [1923] einsetzenden Erfolg kamen die Feindseligkeiten, zuerst aus jüdischen und kommunistischen Kreisen. Den Juden schrieb ich zu moralisch, den Kommunisten zu schönfärberisch.« Resigniert schreibt sie: »Nun, am Ende meiner Tage, bin ich müde geworden und krank durch hohe Überarbeitung«. »Man mag bei der Prüfungs- und Beratungsstelle meine Art zu schreiben nicht und hat mir das in schonungsloser Weise gesagt. Also bin ich vom Schauplatz abgetreten, meine Verleger versuchen, die Reste meines

24-mal Liebe: Durch Liebe erlöst! (1915), Die Kraft der Liebe (1920), Opfer der Liebe (1921), Ich darf dich nicht lieben (1921), Die Menschen nennen es Liebe (1921), Wem nie durch Liebe Leid geschah (1922), Wenn zwei sich lieben (1924), Das ist der Liebe Zaubermacht (1924), Betrogene Liebe (1924), Mein liebes Mädel (1925), Ich liebe dich, wer du auch bist (1926), Verschwiegene Liebe – verschwiegenes Leid (1926), Sie hatten einander so lieb (1927), Liebe ist der Liebe Preis (1930), Trotz allem lieb ich dich (1930), Die Liebe höret nimmer auf (1931), Helen Jungs Liebe (1932), Was ist denn Liebe, sag? (1933), Ich liebe einen andern (1933), Seine große

Schaffens noch auszunützen, da sie noch einige Romane von mir gekauft hatten, weil es damals kein Risiko für sie war. Ich habe sie aber von ihren noch auf Jahre hinaus laufenden Verträgen entbunden und schreibe nicht mehr.«

Sie bemüht sich nun um den Ausschluss aus der Nazi-Organisation, »denn diese hat weder ja etwas für mich getan, noch wird sie etwas für mich tun«. Sie sehe nicht ein, ihre Pflichten erfüllen und Beiträge zahlen zu müssen, wenn ihr keinerlei Rechte dafür gewährt würden. Doch im Juni 1940 wird sie kurz und knapp von der RKK belehrt, solange ihre Bücher noch vertrieben würden, könne sie nicht aus der Kammer austreten. In der Tat sind zwischen 1935 und 1939 noch 22 neue Romane von ihr in Buchform erschienen, von denen die meisten, soweit nachweisbar, bereits vor 1935 in Zeitschriften publiziert worden waren. Ihre alten Romane werden zwar nicht mehr neu aufgelegt, doch die Verleger verkaufen noch viele Jahre lang die teils recht hohen Restauflagen. Enßlin & Laiblin hatte im Juni 1941 noch sieben Courths-Mahler-Titel im Programm, beim Rothbarth-Verlag waren im August 1943 noch 69 Courths-Mahler-Titel lieferbar, d. h. ein Drittel des Gesamtwerks der Schriftstellerin war auch im Krieg erhältlich. Im Mai 1938 ließ der Rothbarth-Verlag unter der Überschrift »Eine Lanze für H. Courths-Mahler« die Heimatschriftstellerin Marie Diers (geb. 1867) für die Autorin eintreten. Die verwendeten Argumente und Redewendungen lieferten manchem Courths-Mahler-Apologeten noch in der Nachkriegszeit Material. Die Autorin habe, als sich »der Schmutz in der deutschen Literatur ausbreitete«, eine Unterhaltungsliteratur geschaffen, ganz ohne Unsauberkeit und ohne schwüle Reize. 1975 schrieb Fritz Stüber: »Alles, was die Courths-Mahler erzählte [...], war geprägt von einer inneren Sauberkeit und, mag man sich heute darüber noch so mokieren, moralischen Integrität, die sich sehr wohltuend abhebt

Liebe (1934), Heimchen, wie lieb ich dich (1934), Ich hab dich lieb! (1935), Zwischen Stolz und Liebe (1936), Nur aus Liebe, Marlies (1939).

14-mal Glück: Das Glück steht am Wege (1915), Ohne dich kein Glück (1920), O du mein Glück (1920), Glückshunger (1921), Der Mut zum Glück (1921), Durch Leid zum Glück (1923), Menschenherz, was ist dein Glück? (1923), Es gibt ein Glück (1924), Britta Riedbergs Fahrt ins Glück (1925), Frau Majas Glück (1926), Nach dunklen Schatten das Glück (1929), Heide Rosenaus Kampf ums Glück (1933), Weit ist der Weg zum Glück (1936), Lissa geht ins Glück (1936).

von der lasziven Schlüpfrigkeit und zynischen Schnoddrig-
keit auf den Unterhaltungsseiten unserer ›Illustrierten‹.«

Ob Hedwig Courths-Mahler ihren Ausschluss aus der RKK
schließlich noch erreichte, ist unklar. Margarete Elzer zufolge
ist ihre Mutter gleichzeitig mit ihr ausgeschlossen worden:
Tatsächlich wurden Margarete am 30. August und Friede Birk-
ner-Stein am 10. September 1941 ausgeschlossen. Die »Prüfungsstelle« hatte auch zwei Elzer-Romane abgelehnt, und
Frieda wurde wegen »fehlender Zuverlässigkeit und Eignung«
ausgeschlossen, da sie sich »in hetzerischer Weise zu staats-
feindlichen Äußerungen« hatte hinreißen lassen. Frieda hatte
im September 1940 einen Antrag auf Aufnahme in die NSDAP
gestellt. Ob dies ein taktisches Manöver war, um Sanktionen
des Regimes zu unterlaufen, ist schwer zu sagen. Sie war von
einer Nachbarin denunziert worden und wurde am 7. August
1941 von einem Sondergericht in München wegen »fortgesetz-
ten Vergehens gegen das Heimtückegesetz« zu einer Gefängnisstrafe von einem Jahr und zwei Monaten verurteilt.

Krieg und Naziterror bescherten Hedwig Courths-Mahler
eine höchst unterschiedliche Leserschaft. Um der fortschrei-
tenden Demoralisierung der Soldaten bzw. ihrer zu Hause ge-
bliebenen Frauen entgegenzuwirken, sah sich das Propagan-
da-Ministerium nach den ersten Kriegsjahren gezwungen,
das Papierzuteilungsverbot für Courths-Mahler-Romane auf-
zuheben. Zahlreiche ihrer Romane erschienen nun, wie schon
im Ersten Weltkrieg, in hoher Auflage als preiswerte »Feld-
ausgabe«. Das betraf zum Beispiel die Romane ›Das Amulett
der Rani‹, ›Der tolle Haßberg‹, ›Die schöne Melusine‹, ›Die
schöne Unbekannte‹, ›Ich will‹, ›Sein Mündel‹, ›Verkaufte
Seelen‹, ›Ihr Geheimnis‹, ›Heide Rosenaus Kampf ums
Glück‹, ›Ich weiß, was du mir bist‹ und ›Auf der Jungfern-
burg‹. Und wieder erhielt die Autorin zahllose Dankesbriefe

Frieda hatte sich »defätistisch« über
Emmy Görings Schmuck geäußert,
über den »Machtkoller der Regierung«, hatte die Wehrmachtsberichte
als Lügen bezeichnet, die Männer
sollten ihre Knarren wegwerfen,
dann sei der Krieg bald zu Ende, ihr
Vaterland sei da, wo es ihr gut gehe:
Auch in Frankreich könnten ihre

Bäume stehen, der Führer sei in den
Wochenschauen tipptopp gekleidet,
während die Soldaten keine ganzen
Stiefel mehr hätten, sie gönne Himm-
ler die vergebliche Suche nach den
Attentätern vom Bürgerbräukeller, es
sei doch klar, dass in diesem Krieg
der kleine Mann seinen Kopf hinhal-
ten müsse, wer viele Steuern zahle,

von der Front. Sogar im KZ Buchenwald wurde sie gelesen. In den meisten KZs konnte der Besitz von bedrucktem Papier tödliche Folgen haben. In Buchenwald, wo insgesamt 56 000 Menschen starben, gab es jedoch für Aufseher und Funktionshäftlinge eine Bibliothek mit etwa 15 000 Bänden, die 1944 82 000-mal von etwa 3000–4000 Lesern (= 5 % der Belegstärke) ausgeliehen wurden. Über 50 % der Ausleihen entfielen auf Belletristik; beliebteste Lektüre waren Krimis, Groschenhefte – und Hedwig Courths-Mahler.

73 Hedwig Courths-Mahler an ihrem achtzigsten Geburtstag. Fotografie

Gegen Ende des Krieges wurden die meisten Zimmer im »Mutterhof« für Ausgebombte und Flüchtlinge requiriert. Eine Beschlagnahmung des Hauses als Erholungsheim der SS konnte nur knapp abgewendet werden. Hedwig bleibt nur noch ihr Schlafzimmer. Lebensmittel sind auch bei Courths-Mahlers knapp, nur heimlich können einzelne Luxusgüter ertauscht werden. Mit silbernen Löffeln wird Weihnachten 1944 ein bescheidenes Festmahl bezahlt, ein anonymer Verehrer spendet dazu eine Flasche Sekt. Als im Mai 1945 die amerikanischen Befreier in Tegernsee einziehen, steht ein Colonel Stern vor der Autorin, dessen Eltern Deutsche waren. »Mit Ihren Romanen habe ich Deutsch gelernt«, sagt er. Als Dank bringt er Lebensmittelpakete mit und befestigt am Eingang zum »Mutterhof«

verlängere nur unnötig den Krieg. Das Gericht befand: »Die Äußerungen der Angeklagten waren gehässig und hetzerisch.« Als mildernder Umstand wurde Frieda zugute gehalten, dass sie »keine geborene Staatsfeindin« sei, sondern sich durch ihr Temperament habe hinreißen lassen, vor allem aus Sorge um ihren Mann, der

an vorderster Front eingesetzt werde. Mit medizinischen Gutachten konnte Frieda den Strafantritt bis Anfang 1942 hinauszögern, dann kam sie – gefesselt! – nach Stadelheim. Vom Gefängnis aus musste sie neun Stunden täglich Zwangsarbeit verrichten: An einem schweren Doppelschraubenbohrer wurden Ersatzteile für

74 Buchumschlag von ›Flucht in den Frieden‹ aus den 50er Jahren mit den Filmstars Ingrid Bergman und Cary Grant

ein Schild: »Off Limits!« Hedwig steht unter dem Schutz der Amerikaner. Bei der Währungsreform im Juni 1948 verliert sie wiederum den größten Teil ihres Geldvermögens, dennoch geht sie ungebrochen an einen weiteren Neuanfang. Ihr vor dem Krieg abgelehnter Roman ›Flucht in den Frieden‹ erscheint Ende 1948 im Eden-Verlag in Nürnberg in einer Auflage von 5000 Stück: der einzige Roman Hedwig Courths-Mahlers, dessen Neuerscheinung erst nach dem Krieg erfolgte. Sie hat das Manuskript wieder aus der Schublade geholt, ein Vorwort geschrieben und (vermutlich) Anfang und Ende neu verfasst. Zu Romanbeginn wird der Vater der Heldin denunziert und kommt im KZ um, und am Ende heißt es: »Die Deutschen zogen in Polen ein und das war der Beginn eines tragischen Schicksals für das deutsche Volk, das schon seit Jahren unsagbar unter dem Despotismus einer fanatischen und gewissenlosen Regierung gelitten hatte.« Im Vorwort formuliert sie, ungewöhnlich direkt, als persönliches Bekenntnis: »In diesem Buche versuche ich ein Friedensasyl zu beschreiben, wie es wohl in unseren Wunschträumen zuweilen lebendig wird, wenn wir an all die Jahre des Jammers und der Not zurückdenken,

Flakgeschütze hergestellt. Mit 60 Frauen teilte sie sich 40 Waschschüsseln, in manchen Morgenstunden hörte sie den Henker zu den Hinrichtungen kommen. Im siebten Haftmonat erlitt sie einen schweren Unfall: aus einer kleinen Wunde entstand durch Aluminiumspäne eine lebensgefährliche Blutvergiftung. Infolgedessen wurde sie am 2. August 1942 entlassen, kam als hoffnungsloser Fall in die Chirurgie, musste vier schwere Operationen über sich ergehen lassen, erhielt sechs Bluttransfusionen, blieb aber am Leben, wenn auch für alle Zeiten schwer gehbehindert. Bis zum Kriegsende stand sie unter Gestapoaufsicht.

die hinter uns liegen und die auch jetzt noch zu überwinden sind. All die Jahre, in die uns ein wahnwitziger Despotismus gestürzt hat, in denen es nur Not und Tod, Grausamkeit und Leid, Konzentrationslager, Denunziantentum, Machtgier, Hunger, Frost, Tyrannei und Bosheit gab, in denen einer im andern nur seinen Feind, seinen Unterdrücker sehen mußte, in denen unser liebes deutsches Vaterland zum Spielball gewissenloser sadistischer Menschen geworden war. In all der Zeit sehnten wir uns nach Ruhe und Frieden, nach ungestörter Arbeit, nach Liebe und Güte, Vertrauen und Verständnis. Diese Sehnsucht hat auch mich getrieben, als ich dieses Buch schrieb, das mich im Innern von schlimmem Leid befreien sollte.« Und dann, ganz am Schluss ihres Schaffens, noch einmal der Wahlspruch, unter den sie ihr Schreiben gestellt hatte: »Ich weiß, ich schreibe nur ein Märchen, aber ich hoffe, damit manchem leidgeprüften Herzen wenigstens auf Stunden ein Paradies des Friedens vorzuzaubern.«

Ein Personalausweis, der am 1. September 1946 vom Landratsamt in Miesbach auf die Schriftstellerin ausgestellt wurde, gibt als Augenfarbe blau-grau an, bezeichnet ihre Größe mit 158 cm und ihre Gestalt als »schwächlich«. Seit den 30er Jahren war sie zuckerkrank, die Diabetes hatte sie an den Rand des Todes gebracht. Bei einer Sommerreise nach Wengen in der Schweiz um 1934 am Jungfraumassiv erkrankte die Autorin in einem Berghotel schwer. Zu Behandlung und Auskurierung kam sie nach Hertenstein am Vierwaldstätter See, wo sie in dem Hotel, in dem der Kaiser von Österreich nach dem Ersten Welt-

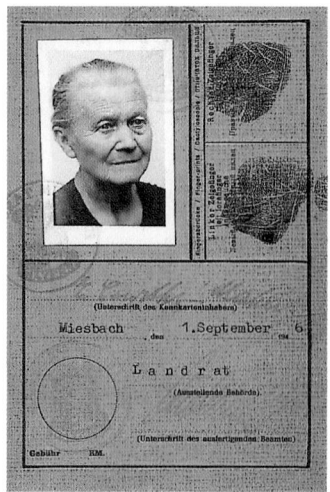

75 Der Personalausweis vom 1. September 1946 (Ausschnitt)

76 Hedwig Courths-Mahler 1947. Fotografie

krieg einige Zeit sein Exil verbracht hatte, den Sommer über gesund gepflegt wurde. Mann und Tochter, die sich ernste Sorgen machten, munterte sie auf: »Kinder, laßt den Kopf nicht hängen! Ich schaff es schon, seid ihr nur froh und vergnügt!« Der Arzt diagnostiziert Überarbeitung. Nur knapp entgeht sie dem Tod, doch müssen ihr sämtliche Zähne gezogen werden. Sie, die immer so gerne Süßigkeiten aß, durfte nichts Süßes mehr zu sich nehmen. Erst die Hungerjahre des Zweiten Weltkrieges heilten sie von der Krankheit. In ihren letzten Lebensjahren konnte sie ungestraft essen, was ihr schmeckte. »Alles ist für etwas gut«, meinte sie. »Wenn ich wegen der dummen Zuckerkrankheit nicht so hätte fasten müssen, würde ich heute nicht derartige Freude an guten Happen haben können.«

Ihrem eigenen Aufstieg hatte sie immer zwiespältig gegenüber gestanden. Nicht nur, weil sie zweimal, bei der Inflation 1923 und der Währungsreform 1948, den größten Teil ihres Vermögens verlor. Sie war fast 40, als sie Romane zu veröffentlichen begann. Nicht selten seufzte sie: »Der Weg wird immer steiniger. Was bin ich denn ohne meine Spannkraft!« Sie erlebt noch den Anfang ihrer Nachkriegs-Renaissance mit, Zeitungen und Leihbüchereien beginnen sich wieder für sie und ihre Werke zu interessieren. Aus Stuttgart

Im Mai 1949 schreibt die Mitarbeiterin einer Leihbibliothek aus Neuss im Rheinland H.C.-M. einen schönen Brief: »Es kommen [zu uns] so viele Menschen, die sehr wählerisch in ihrem Geschmack sind und stolz darauf, daß sie so kritisch sind, Angestellte, Arbeiter, Jungens, die für ihren Abenteuerroman die abgezählten Groschen in den kleinen schmutzigen Fäusten festhalten, alte Leute, die ein bißchen einsam sind – aber alle suchen doch im Buch ein paar Stunden Abkehr von der eigenen Welt. Am liebsten sind mir die ganz Jungen und die ganz Alten, weil sie mit so schöner Unbefangenheit

meldet sich der Inhaber des eben gegründeten Titania-Verlages bei ihr, ein Schwiegersohn des verstorbenen Inhabers des Rothbarth-Verlages, er wird in den kommenden Jahren zwei Dutzend ihrer Romane für Leihbibliotheken neu auflegen. Immer noch und wieder neu erhält sie begeisterte Zuschriften von Leserinnen und Lesern.

Ihr achtzigster Geburtstag 1947 ist so ein eher stilles Fest, der dreiundachtzigste im Februar 1950 wird noch einmal groß mit vielen Freunden und Bekannten gefeiert. Am 26. November 1950, einem Sonntag, stirbt Hedwig Courths-Mahler in ihrem Haus am Tegernsee. Die Angaben über die Todesumstände sind, wie so häufig, widersprüchlich. Margarete Elzer hat erzählt, ihre Mutter sei mittags im Gespräch mit ihren Töchtern gestorben, Friede Birkner zufolge starb sie in ihrem Lehnsessel, eingeschlafen über einem Buch ihrer Lieblingsschriftstel-

77 Hedwig Courths-Mahler (3. v. l.) mit ihren Töchtern und Freunden an ihrem dreiundachtzigsten Geburtstag. Fotografie

(fern von literarischem Ehrgeiz) sich freuen und genießen. Ein altes Mütterchen, das nur Ihre Bücher liest, verehrte Frau Courths-Mahler, sagt jedesmal, wenn sie ein Buch zurückbringt, mit so viel ehrlicher Dankbarkeit: ›Das war aber schön.‹ Ich denke, das freut Sie gewiß, und ich glaube, es ist etwas sehr Schönes, zu wissen, daß man, wie Sie, so vielen für eine kurze Spanne das schwere Leben gerechter und milder gezeigt hat, als es ist – wenn man auch selber dafür zuweilen belächelt wird. Ich bewundere Ihren Mut und Ihre Menschenliebe, die diesen Preis bezahlt, um andere zu erfreuen.«

lerin E. Marlitt. »Sie plauderte noch über irgend etwas Politisches und, wie ich mich zu erinnern glaube, über einen Boxkampf. Dann setzte sie sich in ihren Lehnstuhl und begann zu lesen. Ein Buch der Marlitt, wenn ich nicht irre. Und als meine Schwester in das Zimmer kam, vielleicht eine Stunde später, saß sie noch immer in ihrem Sessel, das Buch in der Hand, und war hinübergeschlafen. Keine Schmerzen. Keine Krankheit.« Zu ihrer Beerdigung kommen sehr viele Menschen auf den Tegernseer Friedhof, um ihr das letzte Geleit zu geben. Nur ihre beiden Töchter sind nicht dabei. Angeblich hatte Hedwig dies so bestimmt. In einer Verfügung vom 28. Oktober 1938 heißt es jedoch: »Hierdurch bestimme ich, daß nach meinem Tode meine Einäscherung in aller Stille stattfindet. Niemand als meine beiden Töchter sollen an mein Totenlager gelassen werden. Sie sollen keine Trauer um mich tragen, sollen nicht bei meiner Einäscherung zugegen sein, sollen still von mir Abschied nehmen, ehe ich in die Leichenhalle gebracht werde. Erst nach meiner Einäscherung soll mein Tod bekannt gegeben werden.« Unterzeichnet hatte sie auch dieses Dokument als Elisabeth Courths-Mahler. In ihrem bei Gericht hinterlegten »Letzten Willen« vom 1. Juni 1949 vermachte sie die Einkünfte aus ihren Werken »zu genau gleichen Teilen« ihren Töchtern. Auf den Grabstein ließen diese einen Romantitel ihrer Mutter (Buchausgabe 1921) meißeln: »Arbeit adelt«. Kurz vor ihrem Tod hatte sie in einem Rundfunkinterview erklärt: »Ich habe noch Stoff für mindestens nochmal 200 Romane.« In ihrem Nachlass fanden sich Notizen zu etwa zehn Romanen. Sie alle enden mit dem Vermerk: »Happy End.«

78 »Mein letzter Wille«

»Ich sterbe nie aus!«

>*»Die Welt dieser Romane ist nicht einfach*
eine phantastische Traumwelt, sondern hängt
auf vielfache Weise mit der konkreten
Lebenswirklichkeit zusammen.«
>Günter Waldmann

Hedwig Courths-Mahler hat nur wenige Jahre eine Volksschule besucht. Doch sie war interessiert und wissbegierig und schmökerte, wenn es sein musste, stundenlang im Lexikon. Für ihre Ideen legte sie eine umfangreiche Sammlung von Zeitungsausschnitten an: »Berichte über die Oberen Zehntausend, über Mord und Totschlag, über Adlige und Bürgerliche, über Hotels, Tiere – und vor allem über neue Erfindungen und ihre technischen Details.« Die ausgeschnittenen Artikel wurden in Ordnern abgeheftet, ein Register erleichterte die Auffindbarkeit. Ihre geographischen Recherchen legitimierte sie unter Hinweis auf einen gleichfalls berühmten sächsischen Landsmann:

79 Hedwig Courths-Mahlers Schreibtisch – hier ohne Schreibmaschine.

»Denken Sie doch an Karl May. Der hat auch über den Wilden Westen und die Indianer geschrieben, ohne dort gewesen zu sein. Als er viel später hinkam, stellte er fest, daß er sich nicht geirrt hatte.« Letzteres trifft zwar nicht ganz zu, der Hinweis verdeutlicht jedoch eine weitere Wissensquelle der Autorin, die vermutlich ihre bedeutendste ist: Bücher anderer Autoren.

Hedwig Courths-Mahler war nicht nur eine Vielschreiberin, sondern auch eine Vielleserin. Das ist nicht selbstverständlich. Notorischen Viellesern – wie Jean Paul, Ludwig Tieck, Wilhelm Raabe oder Franz Kafka – standen unter den Autoren bekennende Wenigleser gegenüber. Courths-Mahler-Romane sind gespickt mit direkten und indirekten literarischen Anspielungen, die auch ein Ergebnis ihrer lebenslangen Theaterleidenschaft sind. Je nachdem, wer sie zu welchem Zeitpunkt nach ihrer Lektüre fragte, fiel ihre Antwort sehr verschieden aus. Auch hier richtete sie sich zielsicher nach den Erwartungen des jeweiligen Publikums. Als sie 1925 von Willy Haas in einem Interview für die ›Literarische Welt‹ zu Jakob Wassermann und Thomas Mann befragt wurde, antwortete sie:»Ich halte sie für außerordentlich begabt, aber ich finde etwas Krankhaftes in ihrem Wesen. Das ist überhaupt der Zug, der durch die ganze neue Literatur geht. Mit Dostojewski hat das begonnen. Ich habe Thomas Manns ›Tod in Venedig‹ und ›Die Buddenbrooks‹ gelesen, auch Bücher von Heinrich Mann und Jakob Wassermann, bei denen dasselbe zutrifft. Ein Roman soll doch erquicken und stark und frisch machen, aber nicht krank und nervös! Eher gefällt mir schon Arthur Schnitzler, der wenigstens liebenswürdiger schreibt als die vorher Genannten. Den größten Eindruck von all diesen Büchern hat aber doch der

80 Hedwig Courths-Mahler in ihrer Bibliothek in Tegernsee. Fotografie

›Tod in Venedig‹ auf mich gemacht, der sicher ein kolossales Können verrät; nur stößt mich auch hier das Schlaffe und Krankhafte ab, insbesondere der Schluß ist sehr niederdrückend. Ganz ähnlich geht es einem mit den ›Buddenbrooks‹ – Verfall, immer wieder Verfall!« Neben Marlitt war Richard zur Megede ein weiterer Lieblingsschriftsteller. »Seinen ›Überkater‹ [1905] habe ich wenigstens dreißigmal gelesen.« Als sie 1949 gefragt wird, antwortet sie ähnlich: »Was ich am liebsten lese? Darauf ist die Antwort etwas schwierig. Wen interessiert es, wenn ich Ihnen sage, daß Schiller mein Liebling ist und bleiben wird? Daß ich den unsterblichen Lichtenberg sehr liebe und so weiter und so weiter?« Und sofort schlägt sie auch hier den Bogen zur aktuellen Unterhaltungsliteratur. »Kürzlich las ich mit Entzücken von Frank Thieß ›Abschied aus dem Paradies‹ und von Johannes Tralow das bezaubernd farbenfreudige Märchen seiner ›Roxelane‹.«

Wieder erwähnt sie abschließend die Marlitt. Das Prinzip solcher Antworten ist deutlich: Zunächst bedient sie das bürgerliche Publikum, indem sie demonstriert, dass sie sich im Bildungskanon bestens auskennt, im zweiten Schritt geht sie auf ihr eigentliches Publikum zu und holt es souverän hinein in ihr eigenes Leseerlebnis. Immer wieder hat die Autorin erwähnt, dass sie vor allem im Sommer lese, während ihrer schreibfreien Zeit, wenn sie gleichzeitig mit Stoffsammeln beschäftigt sei: Reiseeindrücke und Leseerlebnisse gehörten zum gleichen Konzept.

Zwischen den beiden Töchtern Margarete und Frieda gab es immer Spannungen, die nach dem Tod Margaretes im Jahr 1966 dazu führten, dass Frieda vor dem »Mutterhof« in Tegernsee ein Feuer entzündete, das nach Augenzeugenberichten mehrere Tage lang gebrannt haben soll. Darin vernichtete sie 30 noch unveröffentlichte Romanmanuskripte ihrer Schwester sowie sämtliche Akten und den Schriftwechsel der Courths-Mahler-Gesellschaft, die nach dem Tod der Autorin bis etwa

> »Meine Schwester war literarisch von uns dreien die begabteste; bei den Lesern aber kam sie nie so recht an.«
> *Birkner über Elzer, (1978)*

1957 bestanden hatte. Da kaum Briefe und sonstige Nachlassmaterialien von Hedwig Courths-Mahler bekannt sind, ist anzunehmen, dass in diesem Feuer auch zahlreiche Dokumente aus dem Besitz der Mutter vernichtet wurden. Kurz nach dem Feuer kam durch Zufall der erwähnte Personalausweis der Autorin in einer Papiermühle in Lenggries zum Vorschein. Offenbar hat Friede Birkner sich durch das Feuer von unliebsamen Teilen des Erbes befreien wollen. Ein Münchener Antiquar bewahrte jahrelang einen Lederkoffer auf, in dem sich Bücher aus dem Privatbestand der Autorin, eigenhändige Zeichnungen von ihr und ihrem Mann, die Abschrift eines Testamentes, einige Briefe usw. befanden. Nach dem Tod Margaretes erbte Frieda den »Mutterhof« in Tegernsee. Sie ließ das Sterbehaus ihrer Mutter sechs Jahre lang leer stehen, Souvenirjäger bedienten sich derweil am beweglichen Mobiliar. Am 10. August 1972 verkaufte Frieda das Haus mit dem Grundstück von 22 000 Quadratmetern an die Stadt Tegernsee – es wurde also keineswegs, wie immer wieder behauptet wird, von Margarete der Stadt »vermacht«. Die Stadt ließ das Haus abreißen, um Platz für sozialen Wohnungsbau zu schaffen.

Die Gründe für den Zwist zwischen den Schwestern muss man vermutlich in ihrer Stellung zur berühmten Mutter suchen. Hedwig Courths-Mahler scheint ihre älteste Tochter Margarete bevorzugt zu haben; sie war ihrer Mutter ähnlicher, ihr Denken

war liberaler, ihr Auftreten
zurückhaltender und nicht so
sprunghaft wie das Friedas.
Frieda besaß von beiden
Schwestern offenbar den le-
bendigeren Geist. Margarete
hatte schon früh als Sekretärin
ihrer Mutter gearbeitet – sie
selbst sagt als »Schülerin« –,
während Frieda ihr anfangs
den Haushalt führte. Beide
Töchter besaßen einen Mittel-
schulabschluss, aber keine Be-
rufsausbildung. Frieda mag
sich ihrer Mutter gegenüber

im Schatten Margaretes gefühlt haben; dafür spricht auch die
Bewertungsskala der eigenen Werke, auf die man sich familien-
intern geeinigt hatte. Margarete galt als die begabtere, »ernsthaf-
tere« Schriftstellerin von beiden Töchtern. Friede Birkner hat
dies auch in späteren Jahren immer betont, darüber zugleich
stets milden Spott ausgegossen. Beide haben sich letztlich von
der Mutter nicht lösen können: Margarete lebte zwei Drittel ihrer
gemeinsamen Lebenszeit bei der Mutter, Frieda, die äußerlich
Unabhängigere, dreimal Verheiratete, trat nach dem Tod von
Mutter und Schwester erst eigentlich in die ihr gemäße Funktion,
als sie begann, die ererbten Rechte an den Werken der Mutter
noch einmal mit großem Erfolg zu vermarkten. Selbst Schriftstellerin, blieb sie noch im unbedingten Erfolgswillen abhängig von
der berühmten Mutter. Als sie am 17. Januar 1985 im Alter von
94 Jahren starb, hatte sie ihre Mutter sowohl altersmäßig als
auch mit der Anzahl ihrer Romane überholt: Kurz zuvor hatte
sie den 218. in die Maschine getippt. Um die Vermarktung der

82 Die Töchter Friede Birkner
(links) und Margarete Elzer 1951.
Fotografie

◀ 81 Die ältere Tochter, Margarete
Elzer. Fotografie

Werke ihrer Schwester hat sie sich nie gekümmert. Bis heute erscheinen nur Hedwig Courths-Mahler und Friede Birkner im Bastei-Verlag.

Kurz vor dem Tod Hedwig Courths-Mahlers standen nachmittags zwei zwölf- und dreizehnjährige Mädchen in Tegernsee vor der Tür. Sie hatten einen Schulausflug gemacht und nutzten die Gelegenheit, die Autorin ihrer Lieblingsbücher zu besuchen. Sie wurden im »Mutterhaus« von Hedwig Courths-Mahler und ihren Töchtern freundlich bewirtet, und als sie wieder gegangen waren, meinte die Autorin zu ihren Töchtern: »Ich glaub's jetzt selber, ich sterbe nie aus!« Als sie 1950 starb, konnte sie allerdings den rasanten Erfolg ihrer Bücher in den Nachkriegsjahren nicht mehr erleben. Sie hatte bis dahin zwei Phasen ihrer Popularität erlebt, getrennt durch die scharfe Zäsur der Inflationsjahre, die 15 Jahre ihres rasanten Aufstiegs zur meistgelesenen Zeitungsromanautorin vor dem und im Ersten Weltkrieg, und, nach dem ersten »Neuanfang«, die 15 Jahre ihrer auch gesellschaftlichen Berühmtheit im Berlin der 20er und frühen 30er Jahre. In der Nazizeit erlebte sie eine Art Interregnum ihres Erfolges, ihre Bücher wurden – sieht man von den Kriegsjahren ab – kaum noch neu aufgelegt, aber doch weiterhin zu Hunderttausenden verkauft. In den 50er und 60er Jahren erlebten sie dann in den privaten Leihbibliotheken eine umfassende Renaissance. Die vierte Phase des Courths-Mahler-Erfolges begann Mitte der 70er Jahre, als im Rahmen der »Nostalgie-Welle« im Fernsehen fünf Neuverfilmungen von Courths-Mahler-Romanen gezeigt wurden und als der Bastei-Verlag begann, den größten Teil ihrer Romane in zwei Reihen, als Taschenbücher und als Heftchen, erneut auf den Markt zu bringen.

Beide Töchter haben die Bücher ihrer Mutter immer wieder bearbeitet, wie überhaupt die Veröffentlichungsgeschichte der

»Tatsächlich kommt die Courths-Mahler deshalb so gut an, weil man bei ihr kaum in die Verlegenheit kommt, das Geschriebene mit der Wirklichkeit vergleichen zu müssen. Bei anderen neuzeitlichen Frauenbuchautoren, die ›lebensnah‹ schreiben wollen, ärgert man sich häufig über die schiefen Bilder. Bei der Courths-Mahler dagegen weiß man von vornherein, daß sie auf dem Mond gelebt hat. Wer nach einem ihrer Romane greift, ist für einige Stunden der bösen Welt entrückt. Nichts Irdisches kann einem während dieser Zeit begegnen.« *Gertrud Jaeke (1967)*

Vermarktung seit 1945

Nach dem Krieg entstanden, ähnlich wie Anfang der 30er Jahre, als im Rahmen der Wirtschaftskrise die privaten Leihbibliotheken in Deutschland einen ungekannten Aufschwung genommen hatten, zahlreiche Leihbibliotheken neu. Angesichts der niedrigen Kaufkraft waren die normalen Buchpreise für die breite Bevölkerung unerschwinglich. Im Jahr 1960, zur Blütezeit des Gewerbes im Nachkriegsdeutschland, gab es fast 28 000 Leihbüchereien und Ausleihstellen. Leihbuchromane waren zu dieser Zeit die Literatur schlechthin. Unterhaltungsfunktionen, wie sie später das Fernsehen mit Vorabendserien und Soap Operas bedienen sollte, erfüllte in den ersten Nachkriegsjahrzehnten das Leihbuch. Leihbücher waren, wie schon vor dem Krieg, ein Nebengeschäft; drei Viertel aller Betreiber von Leihbüchereien waren branchenfremd und besaßen keinerlei buchhändlerische Fachkenntnisse; manche konnten, wie sich vor Gericht herausstellte, nicht einmal lesen. Leihbüchereien waren angegliedert an Papierhandlungen, Zeitschriftenläden und Tabakgeschäfte. Doch anders als in der Vorkriegszeit, als die privaten Leihbibliotheken generell Bücher auch von allgemeinen Verlagen verliehen, wurden in den 50er und 60er Jahren fast ausschließlich Bücher der neu entstandenen speziellen Leihbuchverlage vertrieben. Im buchhändlerischen Sinn war das ein »grauer Markt«, den die üblichen Bücherverzeichnisse kaum dokumentieren. Etwa 220 Verlage hatten sich auf das Leihbuchgeschäft spezialisiert, die Gesamtzahl der von ihnen produzierten Titel beläuft sich auf 30 000 bis 40 000. Die Auflage eines einzelnen Romans betrug 3 000 bis 7 000 Exemplare. Die Romane waren entweder Neuauflagen von Vorkriegsveröffentlichungen oder eigens für den Leihbuchverlag neu verfasst. Die Leihbücher von Hedwig Courths-Mahler waren sämtlich Wiederveröffentlichungen, 112 Romane der Autorin sind bei Leihbuchverlagen nachweisbar. Die Verlage Eden, Titania (Stuttgart), Triga (Rheydt), Falter, Meister, Goldring, Widukind und Ursus brachten die meisten Titel auf den Markt. Noch erfolgreicher als ihre Mutter war Friede Birkner, von der 120 Leihbuchtitel bekannt sind. Sie schrieb allerdings auch nach dem Krieg noch vier Jahrzehnte weiter. Margarete Elzer brachte es auf 28 Leihbücher.

In den ersten drei Jahrzehnten nach dem Krieg gab es Hedwig Courths-Mahlers Bücher fast ausschließlich in Leihbüchereien. Allerdings produzierten einige Leihbuchverlage auch für den Sortimentsbuchhandel. Die Töchter der Autorin brauchten nur aus dem vorhandenen Bestand zu schöpfen, ohne selbst viel Zeit und Mühe zu investieren. Neuautoren wurden von den Leihbuchverlagen für eine Auflage von 2 000 Exemplaren pauschal mit 500 bis 600 DM abgefunden. Eingeführte Autoren, und dazu wird man Hedwig Courths-Mahler zählen müssen, erhielten etwa 1 DM bis 1,20 DM pro gedrucktem Buch, was bei einem Verkaufspreis von 5,80 DM bzw. 6,80 DM »eine geradezu fürstliche Entlohnung« (Weigand) war. Bei einer Auflage zwischen 3 000 und 7 000 Exemplaren errechnet sich für 112 Courths-Mahler-Titel ein Gesamthonorar zwischen 336 000 DM und 940 000 DM.

In den 60er Jahren erwarb der Pabel-Verlag die Rechte an der Verwertung der Courths-Mahler-Werke, und seit den 70er Jahren nimmt der Bastei-Verlag in Bergisch Gladbach durch seine Cheflektorin Anja Kleinlein, eine Pflegetochter und Erbin Friede Birkners, die Weltrechte am Werk Hedwig Courths-Mahlers wahr. Als Taschenbuchausgabe sind dort derzeit 128 Courths-Mahler-Romane erhältlich. Die parallel erscheinende Heftchenausgabe bringt nahezu sämtliche Romane der Autorin in stark gekürzter Version. Die 192 verschiedenen Hefttitel mit einem Umfang von jeweils 78 Seiten erschienen 1998 in der sechsten Auflage. In einer statistischen Auswertung von 20 000 Antworten von Romanheftlesern hat die Marketing-Abteilung des Verlages einiges über die Konsumenten der Courths-Mahler-Heftchenreihe herausgefunden. Demnach liegt der Frauenanteil bei 90 % (zum Vergleich: Jerry Cotton 26 %, Bergdoktor 87 %, John Sinclair 38 %), 55 % der Leser sind 50 Jahre und älter (der Anteil der Vierzehn- bis Neunzehnjährigen liegt bei immerhin 7 %), das monatliche Nettoeinkommen für 40 % der Leser liegt zwischen 2 500 und 4 000 DM sowie für 30 % über 4 000 DM, 60 % der Leser leben in einem Ein- oder Zweipersonen-Haushalt, 64 % haben eine Volks- bzw. Hauptschulbildung (Abitur, Studium 6,4 %), 58 % sind nicht berufstätig oder Rentner, 66 % gehören zur Gruppe der »älteren Doubles ohne Kinder« oder sind ältere Alleinstehende. Courths-Mahler-Heftchen werden also vorwiegend von älteren Frauen gelesen. Die Taschenbuchreihe dagegen wendet sich offenbar an ein jüngeres Publikum.

Hedwig Courths-Mahler die eines freihändigen Umgangs mit dem vorhandenen Material ist. Sie selbst schrieb 1910, die Zeitungsvorabdrucke ihrer Romane würden »für die Bücher bearbeitet«. Auch die Bücher selbst sind für Folgeauflagen immer wieder – vorwiegend stilistisch – durchgesehen worden, meistens von Margarete. Das geht aus zahlreichen handschriftlichen Korrekturen hervor, die manche der Exemplare im Berliner Teilnachlass aufweisen. In den 50er Jahren hatte Margarete Elzer ihren eigenen Bestand an Courths-Mahler-Werken der Amerika-Gedenk-Bibliothek gestiftet. Diese Bücher, die häufig Widmungen der Mutter für die ältere Tochter und Mitarbeiterin enthalten, sowie einige persönliche Dokumente aus mütterlichem Besitz sind der einzige größere Nachlassbestand, der Friede Birkners Feuer entgangen ist. Für die Leihbuch-Veröffentlichungen in den 50er und 60er Jahren sind die vorhandenen Romane erneut bearbeitet worden, zunächst von Margarete, später von Frieda; und die heutigen Taschenbuch- und Heftausgaben wurden vom Bastei-Verlag abermals, teils gravierend, verändert und bearbeitet. Insgesamt folgen die Bearbeitungen einer Tendenz zur »Trivialisierung der Trivialliteratur«, wie es in einer entsprechenden Studie heißt. In den Bearbeitungen der 50er Jahre wurden das Erzähltempo erhöht und zeitgeschichtliche Bezüge reduziert, technische Gegenstände sind modernisiert. Die Bearbeitungen des Pabel-Verlages bestanden hauptsächlich in Kürzungen, gleichzeitig wurden alle Hinweise auf die Vergangenheit der Romanwelt eliminiert, Militärs und Herzöge getilgt. Dem gleichen Prinzip folgen die Romanhefte des Bastei-Verlages: »Gekürzt wird alles für die Haupthandlung Nebensächliche, also Landschaftsbeschreibungen, Zuendeführung von Handlungsbögen, Darstellung von Nebenpersonen und Nebenszenen.« Nur Kernsätze und Benennungen bleiben bestehen. Die Taschenbuchreihe wurde vor allem stilistisch und

◀ 83 Umschlag einer schwedischen
Übersetzung aus der Nachkriegszeit

in den Kapitelaufteilungen geändert. Dass Heft- und Taschenbuchreihe unterschiedliche Leserschichten ansprechen, ist bereits aus der jeweils beigegebenen Kurzbiografie der Autorin zu erkennen: Die Heftchen heben Hedwig Courths-Mahlers schwere Kindheit, die soziale Herkunft und ihre Vorbildlichkeit als Hausfrau und Mutter hervor, während in den Taschenbüchern vor allem ihr großartiger Aufstieg und die hohen Auflagenzahlen herausgestellt werden. »Durch die Bearbeitung wird der letzte Rest von Subjektivität […] eliminiert. Zerstört wird aber durch die Bearbeitung auch die literarische Geschicklichkeit der Autorin, die sich zum Beispiel darin äußert, daß Romanpersonen ›rechtzeitig‹ eingeführt werden […] Sind die Originalromane schon trivial aufgrund ihres Schematismus', so sind die bearbeiteten Ausgaben noch trivialer.« (Hassan)

Während Courths-Mahler-Romane in der DDR faktisch verboten und nur unter der Hand erhältlich waren, entstand im Westen in den 50er Jahren im Rahmen der Heimatfilmwelle sogar ein neues Interesse an deren Verfilmung. 1954 erwarben die Produzenten Baierlein und Matern von den Töchtern das Recht zur Verfilmung einiger Courths-Mahler-Titel, wozu es aber nie kam. Anfang der 70er Jahre begann der Süddeutsche Rundfunk mit der Verfilmung von fünf Courths-Mahler-Romanen fürs Fernsehen, die dank der Mitarbeit renommierter Regisseure wie Tom Toelle und Peter Beauvais sowie bekannter Schauspieler wie Sabine Sinjen ein großer Erfolg wurden. Die Sehbeteiligungen zwischen 41 % und 63 % sind heute kaum noch vorstellbar. Für den ›Scheingemahl‹ (Regie: Gert Westphal) lieh Friede Birkner den Filmemachern eine Original-

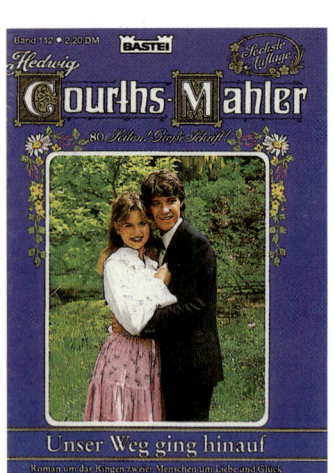

84 Umschlag eines Bastei-Heftchens

requisite aus dem Besitz von Hedwig Courths-Mahler: eine Pariser Federboa. Im Film wird sie respektvoll bewundert: »Oh, von Hedwig.«

Hedwig Courths-Mahlers Erfolg beruht vermutlich nicht zuletzt auf der anti- bzw. nichtfreudianischen Oberfläche ihrer Werke. Die meisten Menschen unseres therapeutischen Zeitalters haben trotz alledem keine Gelegenheit oder kein Verlangen nach einem analytischen Umgang mit der eigenen Biografie. Dennoch sehnen sie sich nach einem gelungenen Leben. Hedwig Courths-Mahler hat es vorgelebt: nach vorne zu sehen, ohne sich von den Schatten der Vergangenheit einholen zu lassen. Karl May, ein Märchenerzähler wie sie, wurde am Ende seines Lebens von den Hypotheken seiner Vergangenheit eingeholt, weil er sich, anders als Hedwig Courths-Mahler, zu spät zum Märchencharakter seiner Literatur bekannte. Er verlangte Identifikation – von sich selbst und seinen Lesern –, doch Old Shatterhand war nicht Karl May. Hedwig Courths-Mahler betonte stets das Märchenhafte ihres Schreibens. Damit entzog sie die eigene Person immer wieder ihrer Literatur, sie lebte den Kontrast, nicht die Verschmelzung. Anders als Karl May, James Fenimore Cooper oder die Autorinnen der Backfischromane hat Hedwig Courths-Mahler nie Serienhelden oder -heldinnen geschaffen. Eine unverwechselbare Gestalt wie Winnetou, Lederstrumpf, Trotzkopf oder Nesthäkchen sucht man bei ihr vergebens. Der Reiz besteht in der Variation des Immergleichen, auch in Bezug auf die Figuren. Denn Courths-Mahler lesen ist wie Patiencen legen: Wir möchten nicht in erster Linie merkwürdige Umstände (oder Menschen) kennen lernen, sondern wir wollen, dass das Spiel möglichst glatt aufgeht. Keine Karte soll übrig bleiben; die Autorin soll uns aber auch um keine Verwicklung, die vom Schema vorgesehen ist, betrügen. Das ist weder utopisch noch reaktionär, sondern schlicht ein Spiel.

»Es heißt zwar, jeder Mensch ist zu ersetzen, aber ich sage, jeder Mensch hinterläßt auch eine Lücke, die nicht so leicht auszufüllen ist.«

Hedwig Courths-Mahler am 27. März 1939 in einem Brief

Danksagung

Für freundliche Unterstützung danke ich folgenden Personen und Institutionen:
Régine Atzenhofer (Straßburg); Ingo Bach (Weißenfels); Jutta Bendt (Deutsches Literaturarchiv Marbach); Herbert Birett (München); Carin Blömeke (Zentrum für Berlinstudien, HCM-Teilnachlass); Manfred Dreiss (Verlag Degener & Co, Neustadt a. d. Aisch); Petra Hesse (Universitätsarchiv Leipzig); Herbert Kalbitz (Mannheim); Roland Kleiner (Landgericht München I); Anja Kleinlein (Bergisch Gladbach); Bernd König (Frechen); Sonja Langbein (Niederroßla); Rudolf Ludley (Lützen); Martina Modry (Neu-Vehlefanz); Museum Schloss Neu-Augustusburg (Weißenfels); Klaus-Dieter Pett (Landesarchiv Berlin); Annelotte Pielenz (Nassau); Sächsisches Staatsarchiv Leipzig; Ursula Schubert (Hatten); Staatsbibliothek zu Berlin, Preußischer Kulturbesitz (Handschriftenabteilung); Stadtarchive Aachen, Chemnitz, Leipzig, Nebra, Weißenfels; Standesämter Aachen, Dresden, Halle, Leipzig, Wuppertal; Carola Staniek (Deutsche Bibliothek, Leipzig); Hartwig Suhrbier (Westdeutscher Rundfunk, Köln); Sybille Steinbacher (Universität Bochum); Theaterwissenschaftliche Sammlung (Schloss Wahn, Köln-Porz); Barbara Trinkler (Gera)

Literatur

Benutzte Akten

Document Center, Bundesarchiv Berlin-Lichtfelde: Reichskulturkammer (RKK) Hedwig Courths-Mahler, Friede Stein, Margarete Elzer
Staatsarchiv München: Staatsanwaltschaft (StanW Nr. 10447): Verfahren gegen Frieda Stein 1941; Entschädigungssache Frieda Stein (BFD V / Frieda Stein)
Stadtarchiv Leipzig: Meldeunterlagen Polizieamt (Nr. 135, S. 95b; Nr. 190, S. 101b)
Amtsgericht Miesbach: Nachlass-Akten
Landgericht München I: Entschädigungskammer (AZ: 4 EK 5694/58): Frieda Stein
Berlin: (Teil-)Nachlass Hedwig Courths-Mahler
Stadt Tegernsee: Abtretungserklärung (Verkaufsurkunde des Courths-Mahler-Hauses) Tegernsee, 18. September 1968 (Rolle Nr. 1672/1968)

Vorabdrucke

(BA = Jahr der ermittelten Buchausgabe ohne Verfasserangabe = Hedwig Courths-Mahler)

Chemnitzer Tageblatt und Anzeiger. Amtsblatt für die königlichen und städtischen Behörden in Chemnitz. 57. Jg. (1904): Licht und Schatten. Roman von Hedwig Mahler. Nr. 94 (26. Februar) – Nr. 128 (18. März) [BA 1921]
Das Buch für Alle. Illustrierte Familien-Zeitung. Chronik der Gegenwart. Stuttgart: Union 41. Jg. (1906): Auf falschem Boden. Roman von H. Courths-Mahler, S. 372–615 [BA 1910] 42. Jg. (1907): Es irrt der Mensch. Roman von H. Courths-Mahler, S. 310–443 [BA 1910]

Freya. Illustrierte Wochenschrift für neue literarische Erscheinungen (ab 8. Jg.:) Illustrierte Zeitschrift für das deutsche Bürgerhaus. Dresden: Richard Hermann Dietrich
7. Jg. (1907): Das Recht auf Glück. Roman von H. Courths-Mahler, S. 396–555 [BA: Glückshunger, 1921]
9. Jg. (1909): Die Gouvernante. Gesellschafts-Roman von H. Courths-Mahler, S. 503–955 [BA: Durch Liebe erlöst, 1915]
10. Jg. (1910): Der Sohn des Tagelöhners. Erzählung aus dem Leben von Courths-Mahler, S. 384–555 [BA 1910, unter C. Relham; spätere Auflagen unter H. Courths-Mahler]
11. Jg. (1911): Der Wildfang. Erzählung aus dem Leben von Hedwig Brand, S. 45–355; Das Gänsemädchen von Dohrma. Erzählung von Hedwig Brand, S. 523–692 [BA 1911]
Heimat und Fremde. Illustriertes Familienblatt. Dresden: Richard Hermann Dietrich
2. Jg. (1910): Ein Schritt vom Wege. Erzählung von Hedwig Brand, S. 837–931
Die Welt am Montag. Unabhängige (Wochen-) Zeitung für Politik und Kultur. Berlin. 1.1895ff.
14. Jg. (1908): Heinze III. Skizze von H. Relham. Nr. 19 (11. Mai, 2. Beilage) [BA 1917]; Das letzte Mittel. Skizze von H. Relham. Nr. 23 (9. Juni, 2. Beilage); Lebensrätsel. Tagebuchblätter einer Frau. Von H. Relham. Nr. 29 (20. Juli); Wer wirft den ersten Stein? Von H. Courths-Mahler. Nr. 38 (21. September, 3. Beilage); Hans. Von H. Relham. Nr. 42 (19. Oktober, 2. Beilage); Hunger. Skizze von H. Courths-Mahler. Nr. 47 (23. November, 2. Beilage)
15. Jg. (1909): Das Mal. Skizze von H. Courths-Mahler. Nr. 7 (15. Februar, 2. Beilage); Freie Liebe. Von H. Courths-Mahler. Nr. 16 (19. April, 3. Beilage); Der Mörder. Skizze von H. Courths-Mahler. Nr. 20 (17. Mai, 2. Beilage); Mausi und Moppi. Skizze von H. Courths-Mahler. Nr. 37 (13. September, 2. Beilage);

Der Strumpf. Skizze von H. Courths-Mahler.
Nr. 40 (4. Oktober, 3. Beilage)
16. Jg. (1910): Rezept gegen Hausfreunde. Skizze von H. Courths-Mahler. Nr. 9 (28. Februar,
3. Beilage); Zur rechten Zeit. Skizze von
H. Courths-Mahler. Nr. 22 (30. Mai, 2. Beilage); Sein Mädel. Von H. Courths-Mahler.
Nr. 35 (29. August, 3. Beilage)
17. Jg. (1911): Ein galantes Abenteuer. Skizze
von H. Courths-Mahler. Nr. 6 (7. Februar,
2. Beilage) [BA 1917]. [›Kindliche Frau‹ konnte
nicht nachgewiesen werden]
Rheinische [Kölner] Hausfrau. [Praktische] Wochenschrift für Hauswirtschaft, Mode, Handarbeiten und Unterhaltung. Berlin
6. Jg. (1908/1909): Gib mich frei. Nr. 55 (1. August 1909) – Nr. 9 (28. November 1909) [BA 1912]
7. Jg. (1909/1910): Gib mich frei, s. o.; Unser
Weg ging hinauf (unter H. Relham) Nr. 7
(14. November 1909) – Nr. 23 (6. März 1910)
[BA 1914]
8. Jg. (1910/1911): Aus erster Ehe. Nr. 5
(30. Oktober 1910) – Nr. 22 (26. Februar 1911)
[BA 1913]
9. Jg. (1911/1912): Aus erster Ehe, s. o.; Ich lasse dich nicht. Nr. 1 (1. Oktober 1911) – Nr. 29
(14. April 1912) [BA 1912]
10. Jg. (1912/1913): Die drei Schwestern Randolf. Nr. 7 (17. November 1912) – Nr. 33
(18. Mai 1913) [BA 1916]; Deines Bruders Weib.
Nr. 47 (24. August 1913) – Nr. 16 (18. Januar
1914) [BA 1915]
11. Jg. (1913/1914): Deines Bruders Weib, s.o.;
Die schöne Miß Lilian. Nr. 46 (16. August
1914) – Nr. 16 (17. Januar 1915); ab Nr. 49
u. d. T. Miß Lilian, die schöne Deutsch-Amerikanerin [BA 1915]
12. Jg. (1914/1915): Miß Lilian, die schöne
Deutsch-Amerikanerin, s.o.; Die Kriegsbraut.
Nr. 24 (14. März 1915) – Nr. 46 (15. August
1915) [BA 1915]
13. Jg. (1915/1916): Griseldis. Nr. 49 (3. September 1916) – Nr. 21 (18. Februar 1917) [BA 1917]
14. Jg. (1916/1917): Griseldis, s.o.
15. Jg. (1917/1918): Arme Liane! Nr. 7 (18. November 1917) – Nr. 34 (26. Mai 1918) [BA Liane
Reinhold, 1919]
17. Jg. (1919/1920): Vom andern Ufer. Nr. 5
(2. November 1919) – Nr. 31 (2. Mai 1920);
Wenn Wünsche töten könnten. Nr. 39 (27. Juni
1920) – Nr. 24 (13. März 1921) [BA 1925]
18. Jg. (1920/1921): Wenn Wünsche töten könnten, s.o.; Die Pelzkönigin. Nr. 49 (4. September
1921) – Nr. 21 (19. Februar 1922) [BA 1922]
19. Jg. (1921/1922): Die Pelzkönigin, s.o.;
Die Sonne von Lahori. Nr. 49 (3.September
1922) – Nr. 21 (18. Februar 1923) [BA 1924]
20. Jg. (1922/1923): Die Sonne von Lahori, s.o.;
Im fremden Lande. Nr. 44 (29. Juli 1923) –
Nr. 20 (17. Februar 1924) [BA 1926]
21. Jg. (1923/1924): Im fremden Lande, s.o.;
22. Jg. (1924/1925): Die Perlenschnur, Nr. 35

(28. Mai 1924) – Nr. 7 (16. November 1924);
Die Inselprinzessin. Nr. 13 (24. Dezember
1924) – Nr. 34 (20. Mai 1925) [BA 1928]; Irrende
Herzen. Nr. 50 (9. September 1925) – Nr. 15
(6. Januar 1926)
23. Jg. (1925/1926): Irrende Herzen, s.o.
Fürs Haus. Praktisches Wochenblatt für alle Hausfrauen. Berlin: Deutsches Druck- und Verlagshaus. Druck: Guido Hackebeil AG, Leipzig.
27. Jg. (1908/09): Gib mich frei
28. Jg. (1909/10): Gib mich frei/ Unser Weg
ging hinauf
29. Jg. (1910/11): Aus erster Ehe. Nr. 1 (2. Oktober 1910) – Nr. 21 (19. Februar 1911); Ich lasse dich nicht. Nr. 49 (3. September 1911) –
Nr. 28 (7. April 1912)
30. Jg. (1911/12): Ich lasse dich nicht, s.o.; Die
drei Schwestern Randolf. Nr. 50 (8. September
1912) – Nr. 22 (2. März 1913)
31. Jg. (1912/13): Die drei Schwestern Randolf,
s.o.; Deines Bruders Weib. Nr. 48 (31. August
1913) – Nr. 32 (18. Januar 1914)
32. Jg. (1913/14): Deines Bruders Weib, s.o.;
Die schöne Miß Lilian. Nr. 34 (24. Mai 1914) –
Nr. 52 (27. September 1914)
33. Jg. (1914/15): Die Kriegsbraut. Nr. 11
(13. Dezember 1914) – Nr. 39 (27. Juni 1915)
34. Jg. (1915/16): Griseldis. Nr. 49
(3. September 1916)
35. Jg. (1916/17): Arme Liane! Nr. 49 (2. September 1917) – Nr. 23 (10. März 1918)
36. Jg. (1917/18): Arme Liane, s.o.
37. Jg. (1918/19): Vom andern Ufer. Nr. 43
(27. Juli 1919) – Nr. 12 (21. Dezember 1919)
38. Jg. (1919/20): Vom andern Ufer, s.o.
39. Jg. (1920/21): Die Pelzkönigin. Nr. 21
(20. Februar 1921) – Nr. 46 (14. August 1921)
40. Jg. (1921/22): Die Sonne von Lahori. Nr. 49
(3. September 1922) – Nr. 21 (16. Februar 1922)
41. Jg. (1922/23): Die Sonne von Lahori, s.o.;
Im fremden Lande. Nr. 44 (29. Juli 1923) –
Nr. 20 (17. Februar 1924)
42. Jg. (1923/24): Die Sonne von Lahori, s.o.;
Die Perlenschnur. Nr. 35 (28. Mai 1924) –
Nr. 7 (16. November 1924)
43. Jg. (1924/25): Die Perlenschnur, s.o.
Die Kieler Hausfrau.
1. Jg. (1913/1914): Deines Bruders Weib.
(5. Oktober 1913 – 22. März 1914)
2. Jg. (1914/1915): Deines Bruders Weib, s.o.;
Die schöne Miß Lilian (16. August 1914 –1915)
Die Mädchenpost. Wochenschrift für die weibliche Jugend. (später: ›Illustrierte Zeitschrift
für junge Mädchen‹). Leipzig
1. Jg. (1913/1914): Die Bettelprinzeß. Nr. 1–20
[BA 1914]; Mamsell Sonnenschein. Nr. 50
(Oktober 1914) – Nr. 20 (14. Februar 1915)
[BA 1915]
2. Jg. (1914/1915): Mamsell Sonnenschein, s. o.
6. Jg. (1918/1919): Armes Schwälbchen. Nr. 9
(1. Dezember 1918) – Nr. 33 (18. Mai 1919)
[BA 1919]

Katholischer Hausfreund. Dülken
21./22. Jg. (1918/1919): Griseldis. 21. Jg.,
Nr. 21./22. (Mai 1918) – 22. Jg. (1919)

Abend-Roman. Das illustrierte Unterhaltungs-
blatt für Alle. Mainz: Schöffer (mit dem 2. Jg.
übergegangen in ›Illustrierte Roman-Welt‹)
1. Jg. (1928/1929): Der Abschiedsbrief
[BA 1930]
2. Jg. (1929/1930): Das Findelkind von Paradiso.
[BA 1933]

Illustrierte Roman-Welt. Die Romanzeitung für
Haus und Familie. Leipzig (aufgegangen in:
›Im traulichen Heim‹, 1933/1934)
1. Jg. (1927/1928): Des Schicksals Wellen.
Nr. 1, S. 1 – Nr. 22, S. 339 [BA 1931]
2. Jg. (1928/1929): Das Erbe der Rodenberg.
Nr. 1, S. 1 – Nr. 34, S. 534 [BA 1932]; Die Herrin
von Armada. Nr. 35, S. 545 – Nr. 60, S. 946
[BA 1932]
3. Jg. (1929/1930): Das Findelkind von Paradi-
so. Nr. 1, S. 1 – Nr. 35, S. 549 [BA 1933]; Heide
Rodenaus Kampf ums Glück. Nr. 36, S. 561 –
Nr. 60, S. 948 [BA 1933]
4. Jg. (1930/1931): Nur wer die Sehnsucht
kennt. Nr. 1, S. 1 – Nr. 34, S. 532 [BA 1934];
Siddys Hochzeitsreise. Nr. 35, S. 545 – Nr. 60,
S. 953 [BA 1934]; Frieda Birkner: Eine mutige
Frau [BA 1932]
5. Jg. (1931/1932): Dorrit in Gefahr. Nr. 1, S. 1 –
Nr. 36, S. 565 [BA 1935]; Dorrit und ihre Schwes-
ter. Nr. 37, S. 577 – Nr. 60, S. 948 [BA 1935];
Margarete Elzer: Das einsame Herz. Nr. 13,
S. 197 – Nr. 33, S. 522 [BA 1934]
6. Jg. (1932/1933): Jolandes Heirat [BA 1938];
Weit ist der Weg zum Glück

Im traulichen Heim. Das Unterhaltungsblatt für
Haus und Familie. Leipzig
1. Jg. (1925/1926): Um Diamanten und Perlen
[BA 1930]; Die Liebe höret nimmer auf [BA 1931];
Seine Mündel [unter Rose Bernd]; [BA 1927]
2. Jg. (1926/1927): Die verstoßene Tochter
[BA 1930]; Schweig still mein Herz [BA 1930];
Frieda Birkner: Entweder – Oder
3. Jg. (1927/1928): Liebe ist der Liebe Preis
[BA 1930]; Unschuldig-Schuldig [BA 1931]
4. Jg. (1928/1929): Da sah er eine blonde Frau
[BA 1932]; Ihr Reisemarschall [BA 1932];
F. Birkner: Ihr Mann, der Hochstapler [BA 1930]
5. Jg. (1929/1930): Ich glaube an dich [BA 1933];
Ihr Geheimnis [BA 1933]
6. Jg. (1930/1931): Ich kanns dir nimmer
sagen [BA 1934]; Ich weiß, was du mir bist
[BA 1934]
7. Jg. (1931/1932): Heidelerche [BA 1935];
Will's tief im Herzen tragen [BA 1935]
8. Jg. (1932/1933): Jolandes Heirat. S. 1–471
[BA 1938]; Weit ist der Weg zum Glück.
S. 561–946 [BA 1936]
9. Jg. (1933/1934): Daniela, ich suche dich
[BA 1937]; Du darfst nicht von mir gehen
[BA 1936]; Frieda Birkner: Milli, die hübsche
Garderobiere

10. Jg. (1934/1935): Zwischen Stolz und Liebe
[BA 1936]; Frieda Birkner: Jaromir, so hieß der
Räuber
11. Jg. (1935/1936): Nur aus Liebe, Marlies
[BA 1939]

Für Herz und Heim. Illustriertes Familienblatt.
Leipzig (Hervorgegangen aus: ›Für Herz und
Haus‹. Illustriertes Familienblatt. Leipzig,
1. Jg. 1929)
1.–20. Jg. (1930–1940/1941): Der Liebe süße Not

Das Familienheim. Illustrierte Romanzeitung.
Berlin: Verlag moderner Lektüre.
6. Jg. (1927): Das Drama von Glossow
[BA 1919]; Die Aßmanns [BA]; Der stille See
[BA 1913]

Ich bin dein. Illustrierte Roman-Zeitschrift. Leipzig (Heftausgabe von ›Nehmt mich hin‹)
1. Jg. (1929): Die Tochter der zweiten Frau
[BA 1930]
5. Jg. (1933): Wundersam ist das Märchen der
Liebe

Freude ins Haus. Die neue Roman-Zeitung. Leipzig. Jg. 1: 1932. (Mit Jg. 2, Nr. 12 aufgegangen
in ›Ich bin dein‹)

Nehmt mich hin. Die illustrierte Romanzeitung.
Leipzig (Nummern-Ausgabe von ›Ich bin
Dein‹)
2. Jg. (1931/1932): Der Liebe süße Not [BA Des
Herzens süße Not, 1932]; Juddys Schwur
[BA 1932]
3. Jg. (1932/1933): Sag, wo weiltest du so lange
[BA 1936]; Die entflohene Braut [BA 1936].
Eine andere wirst du küssen

Buchausgaben

(Nur Ergänzungen zu Walter Krieg: »Unser Weg
hinauf«. Hedwig Courths-Mahler und ihre Töchter als literarisches Phänomen. Ein Beitrag zur
Theorie über den Erfolgsroman und zur Geschichte und Bibliographie der modernen Volkslesestoffes. Wien, Bad Bocklet, Zürich 1954)

Lena Warnstetten. Roman. Chemnitz: Martin o. J.
Ein deutsches Mädchen und anderes. Von
H. Courths-Mahler. Leipzig und Bern: Fried-
rich Rothbarth 1926 [1916] [Widmung: »Meiner Mitarbeiterin, Frau Marg. Elzer-Courths,
der Autorin einiger Skizzen aus diesem Band.
H. Courths-Mahler«]
Enthält: Gefunden (5–16), Heinze III (17–22),
[M. Elzer:] Eine Werbung (23–32), [M. Elzer:]
Fräulein Kollege [urspr.: Ein deutsches Mädchen]
(33–50), Ein galantes Abenteuer (51–65), Prüde
(66–74), [M. Elzer:] Behüt dich Gott, mein Junge!
(75–83), [M. Elzer:] Der Mustermensch (84–98),
Die Hexe (99–109), Lüge (110–120), Unentbehrlich
(121–127), Liebe (128–142), Abrechnung!
(143–156)
Meine Käthe und anderes. Von H. Courths-Mahler.
Leipzig und Bern: Friedrich Rothbarth 1927

[1916] [Widmung: »Meiner Mitarbeiterin Frau
Margarete Elzer-Courths. H. Courths-Mahler«]
*Enthält: Meine Käthe (7–16), Die Puppe der Ahn-
frau (17–33), Vater Heinemann (34–44), Der Fä-
cher der Marquise. Von A. Courths [d. i. M. Elzer]
(45–60), Unser Ältester (61–70), Der gute Teufel
(71–78), »Leb wohl,Traude!«. Von M. Courths
(79–97), [M. Elzer:] Überfallen! (98–111), Der
Spukgeist (112–128), [M. Elzer:] Ihre Briefe
(129–143), Onkel Hugo (144–156)*
Die Geschwister. Roman. Reutlingen: Enßlin &
Laiblin 1920 *(enthält außerdem: Das Mal (300–316)*
Sommerfrische und andere Erzählungen. Heite-
res und Ernstes von H. Courths-Mahler. Mit
vielen Bildern von M. Hohneck. Reutlingen:
Enßlin & Laiblin o. J. (1921)
*Enthält: Sommerfrische (7–22), Der Blinde (23–34),
Der Andere (45–54), Ein Schicksal (55–63), Das
Armband (64–72), Die Reisebegleiterin (73–80), Ein
heilig Recht (81–88), Ehrbare Annäherung (89–96)*
Versöhnt und andere Erzählungen. Leipzig und
Bern: Rothbarth 1924
Enthält: Versöhnt, Eine absurde Idee
Herz, nicht verzag! Und andere Novellen. Leip-
zig 1925. Rothbarths Taschenbücher, Bd. 46
Enthält außerdem: Vereinsamt
Betrogene Liebe. Reutlingen 1924 [wirkliche Ver-
fasserin: Margarete Elzer]
Hannelores Ideal. Novelle. Leipzig und Bern:
Rothbarth 1926 [wirkliche Verfasserin:
Margarete Elzer]
Verschwiegene Liebe – verschwiegenes Leid und
eine andere Erzählung. Leipzig und Bern:
Rothbarth 1926
*Enthält außerdem: Der verschwundene Braut-
schmuck*
Die verschleierte Frau/Die Verbannten. Zwei Ro-
mane von H. Courths-Mahler. Böhmisch-Bud-
weis: Karl Kratochwil & Comp. 1929 (Karl
Kratochwil's Volksbibliothek, 1. Jg., Bd. 4)
Die Flucht vor der Ehe. Roman. Reutlingen: Enß-
lin & Laiblin 1931
Ein Schritt vom Wege. Roman. Nürnberg: Eden-
Verlag 1952

Verfilmungen

Die wilde Ursula (D 1917)
Regie: Georg V. Mendel. Atelier: Luna-Film.
Produktion: Nation. Länge: 4-1098m. Darstel-
ler: Edith Müller
Ruths Ehe (D 1919)
Vorlage: Der stille See. Manuskript: Marga-
rete Lindau-Schulz. Produktion: Leder. Dar-
steller: Ally Kolberg
Das stille Weh (D 1919)
Regie: Heinz Sarnow. Produktion: Leder. Auf-
führung: UT Lichtspiele, Leipzig (10/1919).
Länge: 5–1787 m Polizeizensur, 5–1527 m
Reichsfilmzensur. Darsteller: Ally Kolberg,
Heinz Sarnow, Eduard von Winterstein,

Hilde Engel, Anna von Pahlen, Richard Lie-
besny, Maximilian Werrack
Ich lasse dich nicht (D 1919)
Weiterer Titel: Das Drama von Glossow. Re-
gie: Franz Eckstein. Manuskript: Franz Eck-
stein. Kamera: Franz Stein. Architekt: Artur
Günther. Zensur: 38.8.1920, 11.5.1921. Länge:
5–1750 m Polizeizensur, V-1608 m Reichsfilm-
zensur. Produktion: Nation. Darsteller: Grete
Hollmann, Magnus Stifter, Paul Biensfeldt,
Fred Immler, Lina Salten, Edith Müller, Max
Laurence, Hella Tornegg, Peggy Longard,
Max Schiefer, Ilse Wilke, Hans Ferdinand
Hexengold (D 1920)
Regie: Erik Eriksen. Manuskript: Joseph Ri-
chards. Kamera: Franz Stein. Bauten: Artur
Günther. Zensur: 14.5.1921. Länge: 1560 m.
Produktion: Nation. Darsteller: Edith Müller,
Fred Immler, Hans Lanser-Ludolff, Else Ro-
scher, Ilse Wilke, Julius Dewald, Lilly Hänsel,
Johanna Flügel
Die schöne Miss Lilian (D 1920)
Regie: Franz Eckstein. Manuskript: Franz Eck-
stein. Kamera: Fritz Stein. Architekt: Artur
Günther. Dirigent im Kino: Vorname Bren-
nert. Zensur: 13.8.1920. Aufführung: Olympia-
Theater, Dresden (8/1920). Länge: V-1441 m.
Produktion: Nationalfilm. Darsteller: Werner
Funck (John Grosshall), Gertrud Welcker,
Karl Auen
Dein ist mein Herz/Dein ist mein ganzes Herz
(D 1920)
Regie: Erich Eriksen. Manuskript: Erich Erik-
sen. Kamera. Franz Stein. Länge: 5–1496 m.
Zensur: 15.10.1920. Produktion: Nationalfilm.
Darsteller: Mangus Stifter, L. Salten, J. Rapa-
port, Olga Engl, Karl Elzer, Else Roscher
Opfer der Liebe (D 1921)
Regie: Franz Eckstein. Manuskript: Rosa Por-
ten. Kamera: Franz Stein. Zensur: 15.2.1921.
Aufführung: Sportpalast (2/1921). Länge: 5–
1290 m. Produktion: Nationalfilm. Darsteller:
Charles Berger, Else Wasa, Selma Goebel,
Lina Salten, Karl Elzer, Ilka Illis, Toni Tetzlaff,
H. Molander
Durch Liebe erlöst (D 1921)
Regie: Franz Eckstein. Manuskript: Rosa Por-
ten. Kamera: Franz Stein. Zensur: 4.3.1921.
Aufführung: Sport-Palast, Berlin. Länge: 5–
1441 m. Produktion: Nationalfilm. Darsteller:
Else Roscher, Werner Funck, Josef Reithofer
Du bist das Leben (D 1921)
Weiterer Titel: Griseldis. Regie: Franz Eck-
stein. Manuskript: Rosa Porten. Kamera: Fritz
Stein. Zensur: 16.7.1921. Aufführung: Schau-
burg (8/1921). Länge: V–1609 m. Produktion:
Nationalfilm. Darsteller: Erna Morena, Uschi
Elliot, Olga Engl, Werner Funck, Ernst Pittschau
Deines Bruders Weib (D 1921)
Regie: Franz Eckstein. Manuskript: Rosa Por-
ten. Kamera: Franz Stein. Bauten: A. von Ma-
ries. Zensur: 3.8.1921. Aufführung: UT, Leipzig

(11/1921) Länge: 5–1747 m. Produktion: Nationalfilm. Darsteller: Emil Rameau, Olga Lim-
burg, Margarete Schlegel, Werner Funck, Olaf
Storm, Auguste Prasch-Grevenberg, Leo Laske

Was tat ich Dir? (D 1921)
Regie: Franz Eckstein. Manuskript: Rosa Por-
ten. Kamera: Franz Stein. Architekt: Adolf von
Maries. Zensur: 22.8.1921. Länge. 5–1690 m.
Produktion: Nationalfilm. Darsteller: Dagmar
Hansen, Colette Corder, Werner Funck, Olaf
Storm, Marie Voigtsberger

Das Halsband (D 1921)
Regie: Franz Eckstein. Manuskript: Franz Porten. Kamera: Franz Stein. Architekt: Adolf
von Maries. Zensur: 23.11.1921. Aufführung:
UT-Lichtspiele, Leipzig (3/1922). Länge:
5–1685 m. Produktion: Nationalfilm. Darsteller: Ilka Gröning, Olaf Storm, Else Wasa, Helga Molander, Lina Salten, A. Prasch-Grevenberg

Liebe und Ehe (D 1923)
Angaben Zensur: 30.6.1923. Länge: 5–1478 m.
Produktion: Nivo-Film. Darsteller: Eduard von
Winterstein, Ally Kolberg, Luise Werkmeister

Gib mich frei! (D 1924)
Regie: Erich Eriksen. Kamera: Franz Stein. Architekt: Max Frick. Zensur: 31.10.1924. Aufführung: UT-Lichtspiele, Leipzig (12/1924). Länge:
5–1823 m. Produktion: Nationalfilm. Darsteller:
Grete Reinwald, Lisa Demand, Karl Elzer, Anna von Palen, Karl Auen, Kurt Orwa, Sonja
Wernsdorf, Ellen Plessow, Grete Wallicht,
Erich Briese, Siegrid Kara

Lena Warnstetten (D 1925)
Weiterer Titel: Das stolze Schweigen. Regie:
Erich Eriksen. Zensur 3.3.1925, 27.3.1925. Aufführung: Promenaden-Theater, Breslau (12/
1925). Länge: 6–1915 m. Produktion: Nationalfilm. Darsteller: Colette Brettl, Philipp Man-
ning, Carl Auen, William Dieterle, Ernst Pittschau, Grete Reinwald, Frieda Richard, Sonja
Wernsdorf, Hans Conradi

Die Assmanns (D 1925)
Regie: Arthur Bergen. Kamera: Leopold Kutz-
leb. Zensur. 3.10.1925. Aufführung: BTL Pots-
damer Straße (13.11.1925). Länge: 6–2115 m.
Produktion: Nationalfilm. Darsteller: Grete
Reinwald, Bruno Kastner, Elena Lund, Au-
guste Prasch-Grevenberg, Grete Berger,
Karl Elzer, Fritz Stüwe

Die Bettelprinzeß (BRD 1974)
Buch und Regie: Bruno Voges. Produktion:
ARD/SDR (TV). Erzähler: Gert Westphal.
Musik: Wolfgang Dauner. Kamera: Jim Lewis.
Szenebild: Dieter Höpker, Jörgen Schmidt-
Oehm. Produktionsleitung: Karl-Heinz Tisch-
endorf. Produktion: Werner Sommer. Erstsen-
dung: 24.11.1974. Länge: 84 min 28 sec. Dreh-
zeit: 5. April bis 31. Mai 1974. Sehbeteiligung
bei Erstsendung: 63%. Darsteller: Silvia Reize,
Clara Waldbröhl, Alexander Kerst, Marilene
von Bethmann, Michael Schwarzmaier,

Susanne Barth, Else Quecke, Rainer Basedow,
Hans-Peter Thielen

Griseldis (BRD 1974)
Buch und Regie: Peter Beauvais. Produktion:
ARD/SDR (TV). Erzähler: Gert Westphal.
Musik: Bernd Kampka. Kamera: W.P. Has-
senstein. Szenenbild: Wolfgang Wahl. Produktionsleitung: Heinz Schulz. Produktion:
Reinhart Müller-Freienfels. Erstsendung:
9. Juni 1974. Länge: 110 min 31 sek. Drehzeit:
9. Mai bis 29. Juni 1973. Drehort: Schloss Vin-
sebeck b. Bad Meinberg. Sehbeteiligung bei
der Erstausstrahlung: 41%. Darsteller: Sabine
Sinjen, Klaus Barner, Tatjana Iwanow, Marle-
ne Riphahn, Heinz Ullrich, Katrin Schaake,
Andrea Schober, Claudia Rieschel, Friedrich
von Thun, Betina Kalka, Petra Gerhard

Die Kriegsbraut (BRD 1974)
Buch und Regie: Tom Tölle. Produktion: ARD/
SDR (TV) Erzähler: Gert Westphal. Musik:
Wolfgang Dauner. Kamera: Jim Lewis. Szenenbild: Jürgen Schmidt-Oehm. Produktionsleitung: Karl-Heinz Tischendorf. Produktion:
Werner Sommer. Erstsendung: 3. November
1974. Länge: 87 min 57 sec. Drehzeit: 10. September bis 31. Oktober 1973. Sehbeteiligung
bei Erstsendung: 55%. Darsteller: Volker
Kraefft, Donata Höffer, Eva Christian, Wolfgang Preiss, Alice Treff, Claudia Rieschel

Der Scheingemahl (BRD 1974)
Buch und Regie: Gerd Westphal. Produktion:
ARD/SDR (TV). Musik: Peter Zwettkoff.
Kamera: Anton Stupica. Szenenbild: Wolf-
gang Wahl. Produktionsleitung: Gottfried
Deker. Produktion: Reinhart Müller-Freien-
fels. Erstsendung: 7. Juli 1974. Länge: 111 min
55 sec. Drehzeit: 14. Januar bis 1. März 1974.
Sehbeteiligung der Erstsendung: 57%. Dar-
steller: Christian Wolff, Anne-Marie Blanc,
Horst Niendorf, Herlinde Latzko, Walter
Kohut, Alexander Hegarth, Ludwig Anschütz

Eine ungeliebte Frau (BRD 1974)
Buch und Regie: Tom Tölle. Produktion: ARD/
SDR (TV). Erzähler: Gert Westphal. Musik:
Wolfgang Dauner. Kamera: Jim Lewis. Sze-
nenbild: Jürgen Schmidt-Oehm. Produktions-
leitung: Karl-Heinz Tischendorf. Produktion:
Werner Sommer. Ersendung: 15. April 1974.
Länge: 92 min 22 sec. Drehzeit: 8. November
bis 16. Dezember 1972. Sehbeteiligung bei
Erstsendung. 43%. Darsteller: Ulli Philipp,
Christian Wolff, Wolfgang Preiss, Edda
Seippel, Helmut Förnbacher, Diana Körner,
Günther Jeschke, Eva Christian, Dorothea
Gervenux, Musa Woettki, Ria Schimkat-Urban

Theaterstücke (Aufführungen, Drucke)

Der stille See. Schauspiel in 5 Akten. Von Ernst
Ritterfeld. Berlin, Luisentheater, Premiere:
1. August 1909 [Roman-BA 1913]

Gib mich frei. Schauspiel in 5 Akten. Von Ernst Ritterfeld. Berlin, Luisentheater, Premiere: 21. November 1909 [Roman-BA 1912]

Was Gott zusammenfügt. Schauspiel in 5 Akten. Von Ernst Ritterfeld. Berlin, Luisentheater, Premiere: 23. Februar 1910. Bremen, Thalia-Theater: 15 Aufführungen 1910/11, 5 Aufführungen 1911/12. Nürnberg, National-Theater: 8 Aufführungen 1910/11. Stolpmünde, Kur-Theater: 1 Aufführung 1910/11. Wiesbaden, Volkstheater: 5 Aufführungen 1910/11. Wittenberg, Stadt-Theater: 1 Aufführung 1910/11 [Roman-BA 1913]

Lena Warnstetten. Schauspiel in 5 Akten. Von Ernst Ritterfeld. Berlin, Luisentheater, Premiere: 1. Juni 1910 [Roman-BA 1916]

Aus erster Ehe. Schauspiel. Bearbeitet von Ernst Ritterfeld. Berlin, Luisentheater, Premiere: 1. März 1911. Bremen, Thalia-Theater: 1 Aufführung 1911/12. Schöningen, Sommertheater: 1 Aufführung 1911/12 [Roman-BA 1913]

Die Macht der Liebe. Schauspiel in 5 Akten. Von Ernst Ritterfeld. Berlin, Luisentheater, Premiere: 26. September 1911

Ich lasse dich nicht. Schauspiel in 5 Akten. Von Ernst Ritterfeld. Berlin, Luisentheater, Premiere: 3. April 1912. Köln, Deutsches Theater: 15. Mai 1913 [Roman-BA 1912]

Die drei Schwestern Randolf. Schauspiel nach ihrem gleichnamigen Roman von Hedwig Courths-Mahler und Ernst Ritterfeld. Berlin, Luisentheater, Premiere: 10. Mai 1913. Leipzig, Battenberg-Theater, Premiere: 20. Mai 1913 [Roman-BA 1916]

Deines Bruders Weib. Schauspiel in 6 Bildern. Von Ernst Ritterfeld. Hamburg-Altona, Inszenierung 1912/13, Aufführung u.a. in Kiel, Wriedts Etablissement, 27. März und 14. April 1913. Berlin, Luisentheater, Premiere: 4. Januar 1914 [Roman-BA 1915]

Miß Lilian, die schöne Deutsch-Amerikanerin. Von H. Courths-Mahler und M. Birkner. Köln, Metropol-Theater: 6. und 25. März 1915 [Roman-BA 1915]

Die Kriegsbraut. Schauspiel in 5 Akten, von Hedwig Courths-Mahler und M. Birkner. Berlin, Rose-Theater, Premiere: September 1915. Leipzig, Battenberg-Theater, Premiere: 2. Oktober 1915 [Roman-BA 1915]

Rote Rosen (Jostas Tagebuch). Schauspiel in 5 Akten. Von Hedwig Courths-Mahler und Adolf Steinmann. Leipzig, Battenberg-Theater, Premiere: 6. August 1916 [Roman-BA 1920]

Jungfer Königin. Schauspiel in 5 Akten. Von Hedwig Courths-Mahler und M. Birkner. Leipzig, Battenberg-Theater, Premiere: 11. März 1916 [Roman-BA 1916]

Ohne dich kein Glück. Von Hedwig Courths-Mahler und M. Birkner. Leipzig, Battenberg-Theater, Premiere: 1. April 1917 [Roman-BA 1920]

Wenn zwei sich lieben. Ein fröhliches Spiel in 5 Akten. Von Hedwig Courths-Mahler und M. Birkner. Berlin, Luisentheater, Premiere: 5. Mai 1917

Arme Liane. Lustspiel in 5 Akten. Von Hedwig Courths-Mahler und M. Birkner. Hamburg, Schillertheater, 4 Aufführungen 1917/18 [Roman-BA ›Liane Reinold‹ 1919]

Griseldis. Schauspiel in 5 Akten. Von Hedwig Courths-Mahler und M. Birkner [Roman-BA 1917]

Die schöne Unbekannte. Lustspiel in 4 Akten nach dem Roman von Hedwig Courths-Mahler und M. Birkner. Berlin, Luisentheater, Premiere: 20. Januar 1918 [Roman-BA 1918]

Der verflossene Nußdorf. Ein heiteres Spiel in 5 Akten nach einer Erzählung von Hedwig Courths-Mahler. Von Ernst Ritterfeld. Berlin, Luisentheater, Premiere: 5. August 1919

Das Heiligtum des Herzens. Schauspiel in 5 Akten. Von Hedwig Courths-Mahler. Berlin, Luisentheater, Premiere. 25. Juli 1920 [Roman-BA 1924]

Vom andern Ufer. Schauspiel in 5 Akten. Von Hedwig Courths-Mahler. Berlin, Luisentheater, Premiere: 31. Oktober 1920

Prinzeß Lolos Liebe. Lustspiel. [Zusammen mit Johannes Wendt] (Um 1921) [Roman-BA 1916]

Die Pelzkönigin. Schauspiel in 5 Akten. Von Ernst Ritterfeld. Berlin-Schöneberg, Neues Operettenhaus, Premiere: 5. März 1922 [Roman-BA 1922]

Da zog ein Wanderbursch vorbei. Volkstück mit Musik. Von M. Elzer und K. Elzer. Berlin 1919 [Roman-BA 1921]

Fräulein Chef. (Um 1922) [Roman-BA 1927]

Parodien

Hans Reimann: Ein Vorschlag. In: Der Zwiebelfisch. 8. Jg. (1916/1917), S. 166–167

NN: »Arme kleine Anni…«, Zeitung, um 1920

NN: Else Lasker-Schüler von Hedwig Courths-Mahler. In: Die Weltbühne, 17. Jg. (1921), S. 216

Prinzessin Lankadia Wengerstein [d.i. Alfred Hein]: Kurts Maler. Ein Lieblingsroman des deutschen Volkes. 1.–999. Tausend. Die Mitteilung dieses von adliger Warte geschriebenen Romans an die Tiefen der Menschheit ist übernommen worden von Alfred Hein. Illustriert von Joh. Thiel. Freiburg/Breisgau 1922

Hans Reimann: Vom Freudenhaus ins Grafenschloss und Retour. Frei nach Hedwig Courths-Mahler, bearbeitet von Magnus Birch-Hirschfeld. In: ders.: Hedwig Courths-Mahler – Schlichte Geschichten fürs traute Heim. Geschmückt mit reizenden Bildern von George Grosz. Hannover o. J. (1922), S. 28–39

ders.: Die pseudoliterarische Grippe. In: ebd., S. 59–68

ders: Wie man Original-Romane lesen sollte. In: ebd., S. 99–107

ders: Ich lasse dich nicht … Nach Hedwig Courths-Mahler. In: ders.: Von Karl May bis Max Pallenberg in 60 Minuten. München: Kurt Wolff 1924, S. 88–92

Hans Habe: »Ich laß dich nicht«. In: Neue Ruhr-Zeitung, Nr. 271, 19. November 1960

Quellen

Adressbücher Aachen, Berlin, Chemnitz, Halle, Leipzig, Weißenfels 1861–1920

[Lia Avé]: Eine Frau verzaubert die Welt I. Typoskript, rote und schwarze Schrift, 12 S., o. J. (1952) [stichwortartige Gesprächsnotizen]

[Lia Avé]: II. Kapitel (dreimal Millionärin). Typoskript, 13 S., o. J. (1952)

[Lia Avé]: V. Teil. Der Mutterhof. Typoskript, 7 S., o. J. (1952)

Ingo Bach: Hedwig Courths-Mahler und unsere Heimat. In: Liberaldemokratische Zeitung, Naumburg, 27. November 1987, S. 6

[Bastei-Verlag]: Ein neuer Horizont. Romane in der VA [Verbraucheranalyse] '96. Bergisch Gladbach 1996

Usch Bayer: Von Leidenschaft konnte Mutter nur träumen. In: Hörzu, 15. Juli 1978 [Interview mit Frieda Birkner]

Heinz H. Beyer: Ihre literarische Wiege stand in Halle. Die große und umstrittene Karriere der Hedwig Courths-Mahler. In: Der Neue Weg, Halle, Nr. 6, 23. März 1983 [darin Annemarie Mügge]

Horst Beyer: Ein Juwel, in dem Hedwig Courths-Mahler lange wohnte [Knesebeckstraße 12]. Bild-Zeitung, Berlin, 21. April 1975

[Frieda Birkner, Margarete Elzer]: »Sieht ja gar nicht so kitschig aus!« Margarete Elzer und Frieda Birkner, die beiden Töchter der Hedwig Courths-Mahler, kramen in Erinnerungen. In: Wochenend, 28. Februar 1951

[Frieda Birkner]: Hedwig Courths-Mahler und die Künstler ihrer Zeitepoche. Typoskript, o. J. (1952)

Frieda Birkner: Erinnerungen an meine Mutter (H. Courths-Mahler), Typoskript, o. J. (um 1957)

Frieda Birkner: Gespräch über ihren Werdegang. Köln, 28. September 1977. Interviewer: Gisela Marx, Hans Jürgen Speitel (WDR Schallarchiv)

Arthur Brunk: Die Großmeisterin vielgelesener Romane. In: Telegraf, 18. Februar 1947

Erika von Carlberg: Eine Nachmittagsstunde bei Frau Hedwig Courths-Mahler [Interview]. In: Reclams Universum, 43. Jg., 1927, S. 563–564

Hedwig Courths-Mahler: [Autobiographische Skizze] In: Die (Rheinische) Hausfrau, 9. Jg., Nr. 7, 12. November 1911

Hedwig Courths-Mahler: Handschriftlicher Lebenslauf. Undatiert (1910 oder 1911) (Staats-

bibliothek zu Berlin – Preußischer Kulturbesitz, Handschriftenabteilung, Nachlass Brümmer)

Hedwig Courths-Mahler: [Mit diesem alten lieben Hause], in: Die (Rheinische) Hausfrau, 10. Jg., Nr. 15, 12. Januar 1915

Hedwig Courths-Mahler: Brief der H.C.-M. an H.R., in: Hans Reimann: Hedwig Courths-Mahler – Schlichte Geschichten fürs traute Heim, Hannover o. J. (1922), S. 145–148

Hedwig Courths-Mahler: Zum 100. Geburtstag der Marlitt, in: Die literarische Welt, 1. Jg., 1925, Nr. 9, S. 3

Hedwig Courths-Mahler: [Antwort auf die Frage] Welche Stilistische Phrase hassen Sie am meisten? Eine Umfrage von Hans Tasiemka, in: Die literarische Welt, 2. Jg., 1926, Nr. 21–22, S. 8

Hedwig Courths-Mahler: [Zum Weltfriedenstag], in: 8-Uhr-Abendblatt, Berlin, 31. Dezember 1926

Hedwig Courths-Mahler: [Ich war noch nicht ganz fünfzehn Jahre alt], in: Uhu, 4. Jg., 1927/28, Heft 8, S. 104–105

Hedwig Courths-Mahler: [Sie wollen von mir wissen], in: Die Literarische Welt, 4. Jg., 1928, Nr. 21–22, S. 3

Hedwig Courths-Mahler: Mein System, in: Querschnitt, 9. Jg., 1929, S. 721

Hedwig Courths-Mahler: Mein Lebenslauf. Handschriftlich, undatiert (1938) (Bundesarchiv Berlin, RKK)

Hedwig Courths-Mahler: Gespräch über ihr Leben und Schaffen, Tegernsee 1949. Reporter: Hans Jesse (WDR Schallarchiv)

Deutscher Bühnen-Spielplan 1907–1928

Deutsches Bühnen-Jahrbuch 1909–1928

Marie Diers: Eine Lanze für H. Courths-Mahler. Leipzig 1938 (Verlagsprospekt)

Franz Dux: Ein Besuch bei Courths-Mahler [Interview], in: Saarbrücker Zeitung, 18. Februar 1932

[Margarete Elzer]: »Für ersten Teil Halle bis Leipzig«. Typoskript-Durchschlag (rosa Papier), o. J. (1952)

[Margarete Elzer]: Dienstboten. Typoskript-Durchschlag (rosa Papier), o. J. (1952)

[Margarete Elzer]: Mitteilungsblatt der Hedwig Courths-Mahler-Gesellschaft, 1.1954–11.1957

Theodor Fanta: Die erfolgreichste Frau Deutschlands. Tee bei Hedwig Courths-Mahler [Interview], in: Querschnitt, 10. Jg., 1930, S. 844

FM-Zeitschrift. Monatsschrift der Reichsführung SS für fördernde Mitglieder. 1.1934–4.1937

Max Geißler: Führer durch die deutsche Literatur des 20. Jahrhunderts. Weimar 1913

Dorothea Goebeler: Die Frau und der Roman, in: Die Welt am Montag, Nr. 38, 16. September 1912

Werner Graf: Lesen und Biographie. Eine empirische Fallstudie zur Lektüre der Hitlerjugendgeneration. Tübingen, Basel 1997

Georg Groddeck: Eine Abbitte [Hedwig Courths-Mahler], in: Die Arche, 2. Jg., Nr. 22, 7. März 1927, S. 13–16; auch in: ders.: Der Mensch und sein Es. Briefe, Aufsätze, Biografisches. Wiesbaden 1970, S. 254–257

[Willy Haas]: Hedwig Courths-Mahler über Thomas Mann. Ein Gespräch mit der populären Romanschriftstellerin, in: Die Literarische Welt, 1. Jg., 1925, Nr. 2, S. 1

Paul Hermann Hartwig: Wie Vater Birkner zu einem Kinde kam. Novelle. In: Chemnitzer Tageblatt (Nr. 260) vom 8. Juni 1904

Georg Herrmann: [Hedwig Courths-Mahler], in: Vossische Zeitung, Unterhaltungs-Blatt, Nr. 41, 1927) zit. n.: Die Literatur, 29. Jg., 1927, Heft 8, S. 467

Wilhelmine Heimann: Presse und Literatur. In: Geistiges Eigentum, 16. Jg. (1920), Sp. 274/275

[Max Hirschfeld:] »Für's Haus«, in: Die Feder, 3. Jg., Nr. 35, 1. Dezember 1900, S. 309

[Max Hirschfeld:] Der Romanvertrieb, in: Die Feder, 4. Jg., Nr. 37, 1. Januar 1901, S. 322 u. Nr. 38, 15. Januar 1901, S. 333/334

[Max Hirschfeld:] Der Schmökerroman, in: Die Feder, 6. Jg., Nr. 99, 1. August 1903, S. 824

[Max Hirschfeld:] Das Erotische in der Belletristik, in: Die Feder, 11. Jg., Nr. 224, 15. Oktober 1908, S. 2183–2184

[Max Hirschfeld:] Ehebruchsromane, in: Die Feder, 14. Jg., Nr. 292, 15. August 1911, S. 3003–3004

Friedrich Huth: Richard Taendler, in: Börsenblatt für den deutschen Buchhandel, Nr. 231, 5. Oktober 1909, S. 11619–11620

[Friedrich] Huth: Auf Lebenszeit gebunden, in: Geistiges Eigentum, 10. Jg., 1914, 5. Heft, 1. Februar 1914, S. 133–136

Harald Kunz: 125 Jahre Bote & Bock. Berlin, Wiesbaden 1963

Mey & Edlich (Anzeige), in: Leipziger Nachrichten, 31. Januar 1886

Adolf Müller: Interview mit Frau Courths-Mahler, in: Kölnische Volkszeitung, 17. Februar 1937

NN: 25 000 000 mal Märchenglück [Interview], in: Berliner Nachtausgabe, 17. Februar 1937

Rothbarth-Verlag: Etwas über Hedwig Courths-Mahler und ihr Kunstwerk. Leipzig o. J. (1920)

Hans Ferdinand Schulz: Das Schicksal der Bücher und der Buchhandel. Berlin 1960

Helga Siegel: Karlshorst erinnert sich der deutschen Kitsch-Königin, in: Der Tagesspiegel, 7. Juli 1996

Stadt-Plan von Leipzig in Vogelschaumanier, mit Führer der Stadt und Umgebung 1884. (Nachdruck o. J.)

Kurt Stankiewitz: Die Liebe wird berechnet. Courths-Mahlers Tochter wird 90 [Interview Birkner], in: Kölner Stadt-Anzeiger, 24. April 1981

Fritz Stein: Mein Lebenslauf. Berlin, 12. April. 1934 (3 Seiten handschriftlich)

E. H. Straßburger: Alles in Rosa [Interview], in: Der Bote aus dem Riesengebirge (Hirschberg), 17. Januar 1932 (Übernahme aus ›Tempo‹, Berlin)

Franz Taucher: Das Geheimnis der alten Mamsell. Ein Versuch über den Kitsch, in: ders.: Die wirklichen Freuden. Literarische Profile. Wien, Frankfurt, S. 55–65 [Zuerst in: Der Sieg, 23. August 1942]

Verlagsverträge und Honorarabrechnungen 1916 bis 1943 (Hedwig Courths-Mahler-Nachlass, Berlin)

Franz Wachter [d. i. Willy Haas]: Das Geheimnis einer Namhaften. Zum Tode von Hedwig Courths-Mahler, in: Die Welt, 28. November 1950

Ursula Wohlfahrt: Courths-Mahler: Sie ist wieder da, in: Sie und Er, 19. März 1973 [Interview mit Frieda Birkner]

Darstellungen

Lia Avé: Weltrekord in Liebe. Der Lebensroman der Hedwig Courths-Mahler, in: Westdeutsche Zeitung, 6. Jg., 1953, Nr. 62, 14. März, Nr. 68, 21. März, Nr. 74, 28. März, Nr. 79, 4. April, Nr. 84, 11. April, Nr. 90, 18. April, Nr. 96, 25. April

dies.: Das Leben der Hedwig Courths-Mahler. München, Wien 1990

Ingo Bach, Jens-Fietje Dwars: Der Traum vom Glück. Drei schreibende Frauen in Weißenfels, in: J.-F. Dwars (Hg.): Dichter-Häuser in Sachsen-Anhalt. Bucha bei Jena 1999, S. 250–257

Norbert Bachleitner: Kleine Geschichte des deutschen Feuilletonromans. Tübingen 1999

Günther Cwojdrak: Die Kitschfabrik, in: neue deutsche literatur, 13. Jg., 1965, Heft 4, S. 91–104

Karlheinz Dobsky: In Schnulze jubilo, in: Verlagspraxis, 14. Jg., 1967, Nr. 2, S. 43–46

Emil Dovifat: Der Zeitungsroman, in: ders.: Zeitungslehre I. 2. Band. Berlin, Leipzig 1937, S. 50–57

Eugen Drewermann: Aschenputtel. Märchen Nr. 21 aus der Grimmschen Sammlung. Solothurn, Düsseldorf 1993

Gerald Eberlein: Das Bild der Unternehmerin im deutschen Banalroman der Gegenwart, in: Soziale Welt. Zeitschrift für sozialwissenschaftliche Forschung und Praxis, 1964, S. 212–243

Gerhard Eckert: Der Zeitungsroman von heute. Frankfurt/Main 1937

Sabine Floßdorf-Drenkhan: Trivialliteratur und Interaktionsrituale am Beispiel Hedwig Courths-Mahlers. Staatsexamensarbeit in Germanistik an der Johann-Wolfgang-Goethe-Universität Frankfurt/Main, 1975 (ungedr. MS)

Johannes Gaulke: Die Prostitution. Leipzig 1905

Andreas Graf: »Ich bin dagegen, daß wir Frauen uns demonstrativ von den Männern trennen«. Der Briefwechsel zwischen E. Werner (d. i. Elisabeth Bürstenbinder) und Joseph Kürschner 1881–1889, in: Archiv für Geschichte des Buchwesens, Bd. 47, 1997, S. 227–247

ders.: Artikel ›Unser Weg ging hinauf‹, ›Die Bettelprinzeß‹, ›Griseldis‹ und ›Heidelerche‹, in: F. R. Max und Ch. Ruhrberg (Hg.): Reclams Romanlexikon. Bd. 3: 20. Jahrhundert I, S. 111–122

ders: Literatur-Agenturen in Deutschland (1868 bis 1939), in: Buchhandelsgeschichte 1998/4, S. B170–B188

Evelin Hassan: Die Trivialisierung der Trivialliteratur: Ein Vergleich verschiedener Textfassungen ausgewählter Romane Hedwig Courths-Mahlers. Magisterarbeit, Freie Universität Berlin, Fachbereich Germanistik, 1985 (ungedr. MS)

Franz Helbing: Die Prostitution in Leipzig, in: Paul Dufour: Geschichte der Prostitution, 3. Bd., 2. Teil, Groß-Lichterfelde-Ost, o. J. (Reprint Frankfurt/Main: Eichborn 1995) S. 122–124

Jörg Hienger (Hg.): Unterhaltungsliteratur. Zu ihrer Theorie und Verteidigung. Mit Beiträgen von J. Anderegg, J. Hienger u. K. H. Spinner. Göttingen 1976

Hans Otto Horch: Admonitio Judaica. Jüdische Debatten über Kinder- und Jugendliteratur im 19. und beginnenden 20. Jahrhundert, in: Heinrich Pleticha (Hg.): Das Bild des Juden in der Volks- und Jugendliteratur vom 18. Jahrhundert bis 1945. S. 85–102

Wolfgang Huschke: Hedwig Courths-Mahler. Familienkreis und Vorfahren. Zur 100. Wiederkehr ihres Geburtstages, in: Genealogie. Deutsche Zeitschrift für Familienkunde. Bd. VIII, 15./16. Jg., 1966/1967, S. 589–605, Heft 2, 1967, S. 643

Raimund Kast: Der deutsche Leihbuchhandel und seine Organisationen im 20. Jahrhundert, in: Archiv für Geschichte des Buchwesens, Bd. 36, 1991, S. 165–349 (Separatdruck)

Walther Killy: Deutscher Kitsch. Ein Versuch mit Beispielen. Göttingen 1962

Walter Krieg. »Unser Weg ging hinauf«. Hedwig Courths-Mahler und ihre Töchter als literarisches Phänomen. Ein Beitrag zur Theorie über den Erfolgsroman und zur Geschichte und Bibliographie des modernen Volkslesestoffes. Wien, Bad Bocklet, Zürich 1954.

Wolfgang Langenbucher: Der aktuelle Unterhaltungsroman. Beiträge zu Geschichte und Theorie der massenhaft verbreiteten Literatur. Bonn 1974 (2. Aufl.) [1964]

Richard Laufner und Bernd Pieper: Traumdeutung in Auschwitz. Lesen, Lektüre und Bibliotheken in Konzentrationslagern, in: Express, 13. Jg., Nr. 45, 10.–16. November 1995

Josef März: Der Romanvertrieb, in: ders.: Die moderne Zeitung. Ihre Einrichtungen und ihre Betriebsweise. München 1951, S. 86–91

Doris Maurer: Die Faszination der Hedwig Courths-Mahler, in: Hedwig Courths-Mahler: Die Bettelprinzeß, Griseldis, Opfer der Liebe. Bergisch Gladbach 1992, S. 737–754

Günther Merbach: E. Marlitt – Das Leben einer großen Schriftstellerin. Aus alten Quellen zusammengestellt. Hamburg 1992

Ingrid Müller: Untersuchungen zum Bild der Frau in den Romanen von Hedwig Courths-Mahler. Bielefeld 1976 (Bielefelder Hochschulschriften, Bd. 16)

Peter Nusser: Trivialliteratur. Stuttgart 1991

Walter Nutz: Der Trivialroman, seine Formen und seine Hersteller. Ein Beitrag zur Literatursoziologie. Köln, Opladen 1966 (2. Auflage)

Heidemarie Oehm: Zum Gedenken. 1950: Hedwig Courths Mahler. In: Mitteldeutsches Jahrbuch für Kultur und Geschichte, Bd. 7/2000, S. 179–190

Roland Opitz: Hedwig Courths-Mahler in literaturwissenschaftlicher Sicht, in: Weimarer Beiträge, 39. Jg., 1993, Heft 4, S. 534–551

Siegfried M. Pistorius: Hedwig Courths-Mahler. Ihr Leben. Bergisch Gladbach 1992

Donald Ray Richards: The German Bestseller in the 20th Century. A complete Bibliography and Analysis 1915–1940. Bern 1968

Helmut L. B. Richter: Die Prostitution in Leipzig. Eine kriminalistisch-statistische Monographie. Leipzig 1932

Curt Riess: Hedwig Courths-Mahler schreibt – Rote Rosen, in: ders.: Bestseller. Bücher, die Millionen lesen, S. 44–59

ders.: Kein Traum blieb ungeträumt. Der märchenhafte Aufstieg der Hedwig Courths-Mahler. München 1974

Josef Schmidt: Hedwig Courths-Mahlers Die Pelzkönigin: Deutsch-kanadisches Märchen und sanfter Protest, in A. Arnold (Hg.): Analecta Helvetica et Germanica. (Fs. Hermann Boeschenstein). Bonn 1979, S. 310–322

Egon Schwarz: Adel und Adelskult im deutschen Roman um die Jahrhundertwende, in: Peter Uwe Hohendahl und Paul Michael Lützeler (Hg.): Literaturwissenschaft und Sozialwissenschaften 11. Legitimationskrisen des deutschen Adels 1200–1900. Stuttgart 1979, S. 285–307

Gustav Sichelschmidt: Hedwig Courths-Mahler. Deutschlands erfolgreichste Schriftstellerin. Eine literatursoziologische Studie. Bonn 1967

Gustav Sichelschmidt: Liebe, Mord und Abenteuer. Eine Geschichte der deutschen Unterhaltungsliteratur. Berlin 1969

Alphons Silbermann: Von der Kunst, unterhaltsam zu schreiben, in: Hedwig Courths-Mahler: Die Bettelprinzeß, Griseldis, Opfer der Liebe. Bergisch Gladbach 1992, S. 773–799

Wolfgang Sorge: Geschichte der Prostitution. Berlin 1919

Gabriele Strecker: Hedwig Courths-Mahler, in: dies.: Frauenträume – Frauentränen. Über den unterhaltenden deutschen Frauenroman. Weilheim 1969, S. 109–142

Dietrich Strothmann: Nationalsozialistische Literaturpolitik. Ein Beitrag zur Publizistik im Dritten Reich. Bonn 1960

L[orenz] V[olkmann]: Stichwörter »Kitsch« und »Trivialliteratur«, in: Metzler Lexikon Literatur und Kulturtheorie. Ansätze, Personen und Grundbegriffe. Hg. v. Ansgar Nünning, Stuttgart, Weimar: Metzler 1998

Günter Waldmann: Courths-Mahler, in: Hermann A. Glaser: Deutsche Literatur. Eine Sozialgeschichte. Bd. 8: Jahrhundertwende: vom Naturalismus zum Expressionismus, S. 135–139

Judith R. Walkkowitz: Prostitution, in: G. Duby und M. Perrot: Geschichte der Frauen. Bd. 4: 19. Jahrhundert. Frankfurt/Main 1997, S. 417–449 und 634/635

Jörg Weigand: Träume auf dickem Papier. Das Leihbuch nach 1945 – ein Stück Buchgeschichte. Baden-Baden 1998

Gertrud Willenborg: Autoritäre Persönlichkeitsstrukturen in Courths-Mahler-Romanen, in: Kölner Zeitschrift für Soziologie und Sozialpsychologie, 1962, S. 706–733

dies.: Adel und Autorität. Zu den Romanen der Courths-Mahler, in: Gerhard Schmidt-Henkel, Horst Enders u. a. (Hg.): Der Trivialroman. Berlin 1964, S. 192–216

Reinhard Wittmann: Geschichte des deutschen Buchhandels. Ein Überblick. München 1991

Reinhold Wolff: »… Kein Geistlicher hat ihn begleitet.« Über Peinlichkeitsgefühle, Kitsch, Trivialität, Wunscherfüllungsphantasien und die Roman-Ästhetik des Realismus, in: Sprache und Literatur, Schwerpunkt: Kitsch und Klischee. 28. Jg., 1997, Bd. 79, S. 78–107

Sonstige Zeitungsartikel

Eleonore Bauer: Zu Tränen rührende Herzensergüsse, in: Südwest-Presse – Die Neckarquelle, 19. Februar 1992

Hanns Bornemann: Die Herrin im Traumreich, in: Hörzu, 15/1974

Utta Danella: Eine Traumwelt, aus der Not geboren, in: Welt am Sonntag, 16. Februar 1992

Antje Dertinger: Märchen für große Kinder. Zum 125. Geburtstag der Autorin Hedwig Courths-Mahler, in: Frankfurter Rundschau, 15. Februar 1992

Christian Ferber: Courths-Mahler, in: Die Welt der Literatur, 24. Juni 1965

FS: Eine Lanze für den Kitsch. Über die Courths-Mahler, den Film und die Kritiker, in: Westdeutsches Tageblatt, 21. November 1951

Hans Habe: »Des Herzens süße Not« Zum hundertsten Geburtstag von Hedwig Courths-Mahler, in: Rhein-Neckar-Zeitung, 11./12. Februar 1967

Dorothea Heuler. Herrenmenschen gegen Hasardeure, Saubermänner gegen Lebemänner, in: Der Tagesspiegel, 16. Februar 1992

Hans Hömberg: Courths-Mahler – eine fortwirkende Macht (zum 100. Geburtstag), in: Frankfurter Neue Presse, 17. Februar 1967

Karl-Heinz. Huber: Ein bißchen Herz darf sein, in: Hörzu, 15/1974

Gertrud Jaeke: Mit harmlosen Märchen sorglose Stunden. Zum 100sten Geburtstag von Hedwig Courths-Mahler, in: Stuttgarter Zeitung, 14. Februar 1967

Manfred Kluge: Mit ihren Büchern verdiente sie Millionen, in: Das Goldene Blatt, Nr. 15, 1974

Benno Kroll: Die ganze Qual der Liebe. Hedwig Courths-Mahler nach 50 Jahren vom Fensehen entdeckt, in: Stern, 10. April 1974

Wolfgang R. Langenbucher: »Das Leben, nach dem die Sehnsucht geht«. Zum 100. Geburtstag der Hedwig Courths-Mahler am 18. Februar, in: Frankfurter Allgemeine Zeitung, 17. Februar 1967

Rolf Lehnhardt: Hedwig Courths-Mahler: Unser Sonntagsvergnügen, in: der literat, 16. Jg., 1974, Nr. 8, S. 181

Rolf Lehnhardt: Träume vom Glück. Vor 100 Jahren wurde Hedwig Courths-Mahler geboren, in: Welt der Arbeit, 17. Februar 1967

Manfred Leier: Die große Welt auf kleinen Sohlen. Vor 100 Jahren wurde die Romanschriftstellerin Hedwig Courths-Mahler geboren, in: Die Welt, 20. Februar 1967

Susanne Materleitner: Und die Liebe siegt. Fernsehen beschert eine Courths-Mahler-Renaissance, in: Neue Ruhr-Zeitung am Sonntag, 26. Mai 1974

Josef Marein: Millionenfaches Märchenglück. Zum 100. Geburtstage Hedwig Courths-Mahlers, in: Die Zeit, 20. Februar 1947

C. R. Martin: Tränen, Plüsch und »Rote Rosen«, in: Welt am Sonntag, 4. und 11. Mai 1958

Doris Mauer: Königin aus eigener Kraft, in: Die Zeit, 11. November 1988

Jochen Meyer: Wir vom Archiv (1), in: Frankfurter Allgemeine Zeitung, 12. August 1997

Heddy Neumeister: Hedwig Courths-Mahler als moralische Anstalt, in: Tagesspiegel, 17. März 1949

dies.: Was tat ich Dir? Hedwig Courths-Mahler und ihre Kritiker, in: Frankfurter Allgemeine Zeitung, 4. Juni 1954

NN: Die Märchen-Konfektion, in: Der Spiegel, 16. Juni 1954, S. 27/28

NN: Märchen für Lieschen, in: Der Spiegel, 13. April 1955, S.48/49

NN: [zum 100. Geburtstag], in: Christ und Welt, 10. Februar 1967

NN: Oh, von Hedwig, in: Der Spiegel, 8. April 1974, S. 169

Petra Pluwatsch: Liebe, Lied und das Glück zu zweit. (Zum 125. Geburtstag der Hedwig Courths-Mahler), in: Kölner Stadt-Anzeiger, 15./16. Februar 1992

Curt Riess: Ohne Orthographie, aber mit Herz, in: Rheinische Post, 22. Februar 1964

Hella Schlumberger: »Meine Mutter ist die Grössere«. Frieda Birkner, die Tochter der

Courths-Mahler, in: Basler National-Zeitung,
12. Januar 1975
Fritz Stüber: Courths-Mahler und das Problem
des »Kitschs«. Zum 25. Todestag der erfolgreichsten deutschen Schriftstellerin, in: Deutsche Wochen-Zeitung (Rosenheim) 28. November 1975
Vilma Sturm: Hedwig Courths-Mahler, in: Frankfurter Allgemeine Zeitung, 1. Dezember 1950

G. Weise: »Da sah er eine blonde Frau«. Das
Schicksal der Romane Hedwig Courths-Mah-
lers, in: Westdeutsches Tageblatt, 22. Juni 1961
Lotte Wege: Courths-Mahler und die Folgen, in:
Süddeutsche Zeitung, Nr. 246, 1954
Gert Westphal: Handkuß für Hedwig Courths-
Mahler, in: Die Zeit, 6. Dezember 1974
Ben Witter: Liebe Collegin, in: Zeit-Magazin,
9. August 1974, S. 14–16

Register

Bildnachweis

dtv portrait

Herausgegeben von Martin Sulzer-Reichel
Originalausgaben

**Biographien bedeutender Frauen und Männer aus
Geschichte, Literatur, Philosophie, Kunst und Musik**